GUIDA PER BAMBINE RIBELLI

A cura di Elena Favilli

Illustrazioni di Elisa Macellari

MONDADORI

Testi di Teresa Susi Citriniti, Aurora Rossetti, Carolina Capria e Mariella Martucci

Bambine Ribelli è un marchio registrato.
www.rebelgirls.com

Coordinamento editoriale: studio editoriale copia&incolla, Verona
Art Director: Fernando Ambrosi
Grafica e impaginazione: Silvia Bovo
In copertina: illustrazione di Elisa Macellari

L'opera è stata creata in collaborazione con Rebel Girls, Inc.

 WWW.RAGAZZIMONDADORI.IT
 MONDADORI-LIBRI PER RAGAZZI
 @MONDADORI_LIBRI_RAGAZZI

© 2021 Rebel Girls, Inc. Tutti i diritti riservati.
© 2021 Mondadori Libri S.p.A.
Prima edizione febbraio 2021
Stampato presso ELCOGRAF S.p.A.
Stabilimento di Verona (VR)
Printed in Italy
ISBN 978-88-04-73763-6

SOMMARIO

PREFAZIONE — 7

BAMBINE RIBELLI CRESCONO — 11
Di che cosa parliamo?
In queste pagine scoprirai di essere la protagonista, non solo di un'incredibile fase della tua vita che si chiama pubertà, ma anche del tuo futuro.

CHE COSA MI SUCCEDE? — 15
Il corpo che cambia
Durante la pubertà il tuo corpo è superimpegnato: si trasforma, cresce, evolve. Questa trasformazione richiede tempo, aggiustamenti e tanta pazienza.

COME SONO FATTA? — 33
Un'occhiata dentro di te
Tutto quello che c'è da sapere sul tuo apparato genitale: com'è fatto, come funziona e come prendersene cura.

MI SONO VENUTE! — 49
Tutto sulle mestruazioni
Perché vengono le mestruazioni, come gestire il loro arrivo ed entrare in confidenza con questo appuntamento che ti accompagnerà per molti anni.

LAVORI IN CORSO — 63
Ovvero, la preadolescenza
Non si cambia solo nel modo in cui si appare, ma anche in quello in cui ci si sente, e lo scombussolamento interiore che potresti provare è dovuto al continuo battibeccare tra corpo e mente.

SONO COSE DA FEMMINA!   75
Diventare se stesse

Prendi consapevolezza di che cosa sono gli stereotipi, i pregiudizi e le discriminazioni che ne derivano: ti potrà capitare di doverli combattere per affermare te stessa.

IL PRIMO AMORE   89
Istruzioni per l'uso

L'amore coinvolge il cuore, la testa e il corpo, e può farti esplodere di gioia o di disperazione. Scoprirai anche di baci molto diversi da quelli che hai dato e ricevuto finora.

OGGI MI SENTO...   107
Le emozioni

Con la preadolescenza potrà essere difficile avere a che fare con le nuove emozioni. Ma tutte servono: anche da quelle meno facili da gestire potrai trarre del bene.

HELP, HO BISOGNO DI AIUTO!   117
Andrà tutto bene

Le emozioni possono travolgere come onde, così come le conseguenze impreviste della vita insieme agli altri. Ma con il giusto aiuto è possibile tornare a galla e mettersi in salvo.

BIOGRAFIE   141

PREFAZIONE

Care Bambine Ribelli,

mentre scrivo queste righe, provo a ricordare com'ero alla vostra età e quali pensieri mi passavano per la testa. I miei cinque anni di scuola elementare sono stati un periodo magico, ricco di avventure, amicizie, giochi, scoperte, ma ecco che con la prima media tutto mi sembrava improvvisamente diverso. D'un tratto, ero diventata più seria, pensierosa, solitaria. Non mi sentivo a mio agio in un corpo che stava cambiando e che mi stava trasformando da bambina in adolescente. Mi sentivo più lontana dai miei compagni di scuola, che fino al giorno prima erano stati anche i miei compagni di scorribande quotidiane. Chiunque mi sembrava più sicuro di me.

Le cose si complicarono ulteriormente quando, per la prima volta, mi sono venute le mestruazioni. Che cos'era quella mostruosità che si era impossessata del mio corpo? E perché anch'io dovevo averci a che fare?

Non si poteva scegliere? Mi ricordo che mia cugina Angelica – un anno più piccola di me, ma meno confusa – qualche tempo prima mi aveva detto che anche noi presto avremmo dovuto passarci. La guardai perplessa. «Succede a tutte le femmine» mi disse decisa. «No, a me no» risposi.

Questa improvvisa contrapposizione tra maschi e femmine, poi, mi lasciava ancora più perplessa. Che cosa voleva dire "cose da femmina"? Avevo trascorso le elementari a saltare dagli alberi e correre su e giù dai campi, andare sullo skateboard, giocare a calcio, vincere a Nintendo, fare Raffaello delle Tartarughe Ninja. Perché tutte queste cose improvvisamente non erano più considerate appropriate per una femmina?

Ho raggiunto il culmine un giorno di Carnevale, agli inizi degli anni Novanta. La mamma mi ha accompagnato da Angelica, con la quale avrei poi raggiunto i suoi amici nel corso principale della città. Mi aspettava travestita con un look che era molto di moda tra le ragazzine della nostra età, in quel periodo. Capelli spettinati con ciocche colorate di blu, jeans strappati, catene, anfibi, occhi nerissimi: Angelica era una perfetta punk. Potete immaginare il suo sgomento quando mi vide andarle incontro vestita con un costume da... pollo!

La mamma ci ha scattato una foto, che

PREFAZIONE

conservo come un cimelio, io e Angelica in una gelida e grigia giornata di febbraio. Lei con lo sguardo perplesso, io sorridente e fiera del mio costume: un gigantesco involucro bianco, morbido e caldo, con una piccola cresta rossa in cima al cappuccio. La punk e il pollo.

Ho la sensazione che tutta la confusione di quegli anni sarebbe stata molto più semplice da affrontare se avessi avuto a disposizione un libro come quello che state per leggere.

Durante la fase della pubertà, che segna il passaggio dall'infanzia all'adolescenza, il nostro corpo e la nostra psiche sono impegnati in una serie di trasformazioni molto profonde ed è normale sentirsi spaesate. Questa guida vi aiuterà a prepararvi meglio agli inevitabili cambiamenti e ad affrontarli senza averne paura.

Brufoli, reggiseni, ormoni, contraccezione, assorbenti, identità di genere, disturbi alimentari, sesso, emozioni... In queste pagine abbiamo provato a spiegare ciò che ci succede negli anni che ci preparano a quel viaggio meraviglioso che è la scoperta del nostro corpo e della nostra identità. È un viaggio che in realtà, come sperimenterete, durerà tutta la vita, ma che comincia proprio qui, dai primi peli che all'improvviso decidono di spuntare.

Elena Favilli

BAMBINE RIBELLI CRESCONO

di che cosa parliamo?

SÌ, PROPRIO TU!

Forse ti sembrerà impossibile, ma in questo libro si parla di te. Sì, hai capito bene: proprio di te che stai leggendo! Se non ci credi, prova a rispondere a queste domande.

• Negli ultimi tempi il tuo corpo ha iniziato a trasformarsi (qualche pelo è spuntato su ascelle o pube, il seno si è ingrossato, i fianchi e la pancia si sono arrotondati, sul viso sono comparsi dei brufoletti)?

• Negli ultimi tempi il tuo corpo non ha iniziato a trasformarsi, ma quello di alcune tue compagne di classe sì?

• Ti sembra di provare emozioni mai sentite prima, e che quelle che già conoscevi siano diventate più impetuose e mutevoli... insomma, più emozionanti?

Se hai risposto di sì anche solo una volta, non ci sono dubbi, **questo libro parla di te** e dell'incredibile fase della vita che stai attraversando o ti appresti ad attraversare: la **pubertà**!

È ARRIVATA LA PUBERTÀ

Anche se sembra un'esplosione repentina, l'arrivo della pubertà è molto graduale e, soprattutto all'inizio, quasi invisibile.

I primi cambiamenti che avverranno nel tuo corpo, infatti, riguarderanno il cervello, che servendosi degli **ormoni** prodotti da una ghiandola endocrina chiamata **ipofisi** invierà a tutto il corpo un messaggio molto chiaro: è ora di crescere!

A questo messaggio, le ovaie risponderanno producendo gli **estrogeni**, cioè gli ormoni femminili, i diretti responsabili della maturazione che trasformerà il tuo corpo di bambina in quello di una donna adulta. E con l'arrivo del **ciclo mestruale** acquisirai la capacità di avere figli, se e quando tu vorrai.

L'età d'ingresso nella pubertà è mediamente tra i nove e i quattordici anni, e può variare molto da ragazza a ragazza, in base a fattori come l'ereditarietà genetica e lo stile di vita.

NON ESISTE UN'ETÀ PIÙ GIUSTA DI UN'ALTRA, FIDATI DEL TUO CORPO E RISPETTA CON TRANQUILLITÀ I SUOI TEMPI!

IL CORPO SA QUELLO CHE DEVE FARE

SE VUOI SAPERNE DI PIÙ SUGLI ORMONI, VAI A P. 18.

Un corpo che cresce è superimpegnato: deve fare in modo che le ossa si allunghino, distribuisce i peli un po' qua e un po' là, fa spuntare il seno... Per riuscire a portare a termine tutti questi compiti si avvale di validi e solerti collaboratori: gli **ormoni**!

Gli ormoni sono sostanze chimiche che trasmettono messaggi. Sono prodotti da particolari organi o raggruppamenti di cellule chiamati **ghiandole endocrine**, che li riversano nel sangue.

Viaggiando attraverso l'apparato circolatorio, gli ormoni riescono a consegnare il messaggio di cui sono portatori anche nell'angolino più remoto del corpo. Le destinatarie di questi messaggi sono le cellule, le quali, ricevuto l'ordine, lo eseguono senza indugio.

IL DIRETTORE DI QUESTO "UFFICIO POSTALE" È L'IPOTALAMO, UNA STRUTTURA DEL SISTEMA NERVOSO CENTRALE CHE, ATTRAVERSO MOLECOLE CHIAMATE **FATTORI DI RILASCIO**, *DÀ INDICAZIONI ALL'IPOFISI, CHE A SUA VOLTA GOVERNA LA PRODUZIONE ORMONALE DI TUTTE LE ALTRE GHIANDOLE ENDOCRINE.*

ORMONI SESSUALI FEMMINILI

Si chiamano *estrogeni* e sono gli ormoni sessuali femminili.
Sono loro gli artefici della trasformazione che,
durante la pubertà, porterà il tuo corpo di bambina
a diventare quello di una donna.

Al momento del concepimento, sono i geni a stabilire
il sesso biologico. I mutamenti innescati dagli ormoni sessuali
durante la pubertà, poi, completano il processo
di definizione del corpo di ciascuna persona.
A determinare il genere di appartenenza, però,
è una cosa chiamata *identità*, che a volte conferma
ciò che afferma il corpo e a volte no.
Più avanti si parlerà anche di questo!

SE VUOI SAPERNE
DI PIÙ SULL'IDENTITÀ
DI GENERE, VAI A P. 86.

MI SONO CRESCIUTE LE TETTE!

La prima cosa da sapere sulle tette è che come ce le hai tu, ce le hai solo tu. Le tue sono uniche per dimensioni, forma e colore, e sono perfette così come sono!

Il **telarca**, ovvero lo sviluppo delle ghiandole mammarie, avviene attorno ai nove anni grazie all'azione degli estrogeni prodotti dalle ovaie. All'inizio sarà visibile solo il cosiddetto **bottone mammario**, un lieve rigonfiamento al di sotto dei **capezzoli**. La crescita prosegue poi per circa i successivi due anni, che separano il telarca dalla prima mestruazione, durante i quali la mammella comincerà ad assumere una forma più tonda e una consistenza più morbida. Anche capezzoli e **areole** – la porzione di cute scura e circolare che li circonda – cresceranno di pari passo.

QUANDO E QUANTO AUMENTERANNO LE TUE MAMMELLE, COME AL SOLITO, DIPENDE DAL TUO PATRIMONIO GENETICO E DA FATTORI AMBIENTALI COME L'ALIMENTAZIONE E LO STILE DI VITA.

Anche se a guardarle allo specchio (o con il naso all'ingiù) sembrano solo due collinette più o meno grandi, le mammelle sono organi dotati di una struttura interna assai complessa, ma è anche complesso il compito che è stato loro affidato: permettere alle donne che hanno avuto un bambino di produrre il latte necessario a nutrirlo.

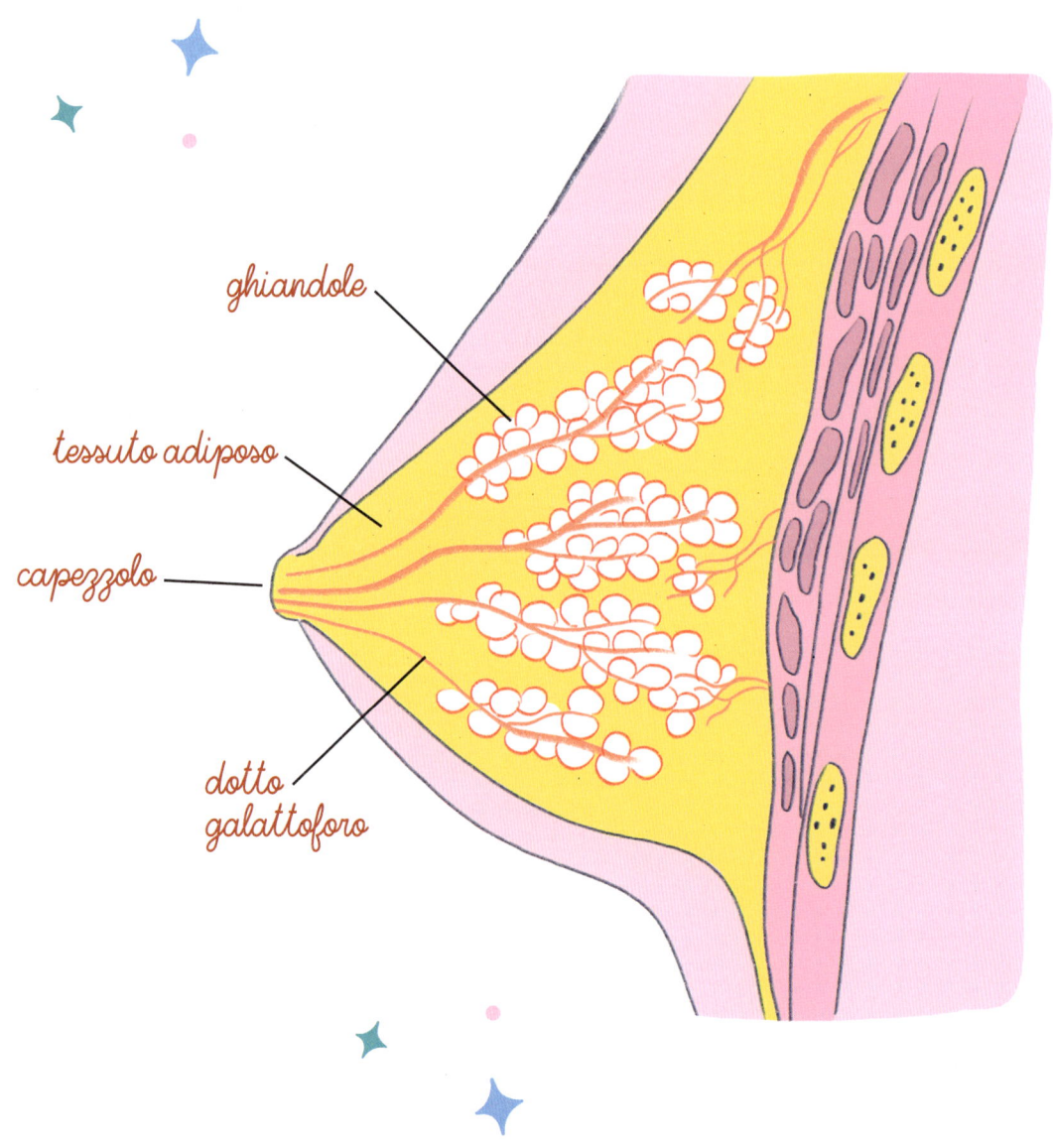

Ciascuna mammella è formata da 15-20 ghiandole, chiamate **lobi**, che sono immerse in un tessuto adiposo, comunemente chiamato grasso, e in un tessuto fibroso più rigido, che fornisce l'adeguato sostegno.

SE VUOI SAPERNE DI PIÙ SUL CICLO MESTRUALE, VAI A P. 49.

Ogni lobo confluisce in un tubicino, il **dotto galattoforo**, che serve per convogliare all'esterno il latte prodotto dai lobi attraverso il capezzolo.

Durante il mese, in concomitanza con le varie fasi del ciclo mestruale, le mammelle subiscono modificazioni operate dagli ormoni, risultando più morbide al tatto dopo la fine delle mestruazioni e più turgide e tese nei giorni che ne precedono l'inizio.

REGGISENO

Le cose fondamentali da capire riguardo al reggiseno sono due: se ti va di indossarlo e quale modello è più adatto per te. In entrambi i casi serviranno tempo e tentativi. Lo scopo del reggiseno è di offrire supporto e in alcuni casi modellare. In commercio esistono reggiseni per ogni esigenza e conformazione fisica. Ci sono quelli pensati appositamente per chi fa attività sportiva, quelli con il ferretto, con la coppa preformata, a triangolo, imbottiti, semplici o tutti pizzi e merletti, con le spalline sottili come spaghetti o larghe e consistenti... Tu sei l'unica a sapere quale ti farà sentire più a tuo agio, così come sei l'unica a poter dire: non fa per me!

UN PELO, DUE PELI... QUANTI PELI?!

Una rondine non farà primavera... ma un pelo fa di certo pubertà!

La comparsa di una peluria scura e ispida lì dove fino ad allora c'era un soffice strato di peletti, infatti, è uno dei primi segnali dell'inizio della pubertà.

La crescita dei peli a livello genitale e, in un secondo momento, ascellare si chiama **pubarca** ed è il frutto di un lento e silenzioso cambiamento operato dagli ormoni sessuali chiamati **androgeni**. Gli androgeni sono responsabili anche dell'allungamento delle ossa, ma prima si occupano dei peli.

Così, verso gli otto o nove anni, sul tuo **monte di Venere** e sulla **vulva** compariranno dei peli dall'aspetto e dalla consistenza nuovi: più spessi, con un colore più deciso e sovente ricci (anche se hai i capelli dritti come spaghetti!). Poi sarà il turno delle ascelle, dopodiché cambieranno anche i peli di gambe, braccia e qualche volta viso.

Anche la quantità, la lunghezza e l'età di comparsa dei peli sono determinati dalla genetica, quindi per farti un'idea della tua futura peluria prova a chiedere ai tuoi genitori com'è stato per loro.

Una cosa, però, è certa. Dei tuoi peli, che siano pochi o tanti, che siano biondi come il grano o neri come la pece, potrai farne quello che vorrai: raderli con una lametta, strapparli con la ceretta, una pinzetta o un epilatore elettrico... oppure lasciarli dove sono!

SE VUOI SAPERNE DI PIÙ SULLA VULVA E SUL MONTE DI VENERE, VAI A P. 35.

SNIFF SNIFF... DA DOVE VIENE QUESTO ODORE?!

La risposta è: da te!

Tra i vari cambiamenti portati dall'uragano pubertà c'è anche quello che riguarda il tuo **sudore** e, di conseguenza, l'**odore** che emani, che potrà sembrarti più acre e anche un bel po' puzzolente. Ma questo cambiamento non deve metterti a disagio, perché prima o poi capita a tutti.

La tua pelle è cosparsa di ghiandole sudoripare chiamate **eccrine**, che hanno una funzione termoregolatrice e producono un sudore trasparente composto per il 99% di acqua e per l'1% di sali.

Hai presente quando fai sport
e inizi a sudare? Ecco, la *termoregolazione*
avviene perché il corpo ha bisogno
di abbassare la temperatura,
diventata eccessiva per via dello sforzo.
Per farlo produce il sudore che,
evaporando sulla pelle calda,
permette al corpo di tornare
a una temperatura normale.

Oltre alle ghiandole eccrine, esistono anche quelle **apocrine**, che si risvegliano con l'arrivo della pubertà e sono concentrate in due zone specifiche: le ascelle e l'inguine.

Quel nuovo odore un po' puzzolente che emani dipende proprio dalle ghiandole apocrine, che producono un sudore giallastro ricco di lipidi, cioè grassi, di cui vanno ghiotti i batteri che vivono sulla pelle. Sono questi batteri che producono quell'odore sgradevole che senti se ti annusi le ascelle dopo avere sudato!

A influire sull'odore sono anche il numero di ghiandole sudoripare apocrine, il tipo di flora batterica che alberga sulla tua pelle, le abitudini alimentari e quelle igieniche.

SUDARE È UNO DEI MODI IN CUI IL TUO CORPO SI MANTIENE SANO ED È QUINDI IMPORTANTE. PERCIÒ NON DEVI VERGOGNARTENE.

Questo non significa che tu non debba mettere in atto quegli accorgimenti che ti consentono di arginare il problema puzza, e cioè:

lavarti regolarmente,

preferire biancheria intima e abbigliamento confezionati con fibre naturali,

spruzzare un deodorante sulle ascelle.

BRUFOLI & CO.

Ricordi gli androgeni, gli ormoni sessuali che trasformano la peluria di bambina in quella di una donna? Ecco, sono sempre loro i responsabili di quei brufoletti che potrebbe capitarti di vedere comparire soprattutto sul volto.

Sono proprio gli androgeni a stimolare le **ghiandole sebacee**, facendogli secernere una quantità maggiore di **sebo**, la sostanza oleosa e impalpabile che normalmente ricopre la pelle con lo scopo di proteggerla, ma che, se prodotta in eccesso, può fare spuntare quei fastidiosi brufoli che ti fanno disperare davanti allo specchio.

Quando gli ormoni stimolano troppo le ghiandole sebacee, i **pori** della pelle non riescono più a smaltire il sebo e finiscono per occludersi. È così che si formano i **punti neri**, scarti organici con cui i batteri amano banchettare. Se orde di batteri si intrufolano nel poro ostruito, è molto probabile che il corpo provi a scacciarli. Da questo scontro si genera una piccola infiammazione che appare sotto forma di **brufolo**: un rilievo rossastro con al centro un puntino bianco-giallastro di pus.

Succede a tutte di avere dei brufoli ogni tanto, spesso in concomitanza con la seconda metà del ciclo mestruale, per via dell'azione di un ormone sessuale chiamato **progesterone**. Le regole da seguire in caso di comparsa di brufoli sono poche e semplici:

ABBIAMO PARLATO DEGLI ORMONI ANDROGENI A P. 24.

SE VUOI SAPERNE DI PIÙ SUL PROGESTERONE, VAI A P. 41.

CHE COSA MI SUCCEDE? 29

*resisti alla tentazione di spremerli,
perché rischieresti di peggiorare la situazione,*

*lava il viso due volte al giorno
con un detergente delicato,*

sii paziente: crescendo ti libererai di loro!

SE PERÒ BRUFOLI E PUNTI NERI DOVESSERO ESSERE TANTI, DOLOROSI E PERSISTENTI, POTREBBE TRATTARSI DI ACNE, UNA MALATTIA DELLA PELLE. IN QUEL CASO, È SEMPRE MEGLIO RIVOLGERSI A UNA DERMATOLOGA O A UN DERMATOLOGO.

STO LIEVITANDO

ABBIAMO PARLATO DEGLI ESTROGENI A P. 18.

Verso gli undici anni l'ipofisi inizia a secernere quello che viene detto, non a caso, **ormone della crescita**, che nel giro di un paio d'anni permetterà alle tue ossa di allungarsi di circa 20 centimetri. Saranno invece gli estrogeni a farti diventare più morbida su cosce, fianchi, sedere e seno.

Durante questo cambiamento, non sempre il tuo corpo ti apparirà armonioso e proporzionato come vorresti, anzi, ci saranno periodi in cui ti guarderai allo specchio e penserai cose del tipo: "Ma queste braccia sono sempre state così lunghe?!". Probabile che per un breve periodo lo siano! Può accadere, infatti, che alcune ossa si allunghino prima di altre. Ma non preoccuparti, dai il tempo al tuo corpo di trovare un proprio equilibrio e abbi fiducia in lui: ha ben chiaro il progetto finale e sa come arrivare a realizzarlo!

SMAGLIATURE

Hai presente quelle crepe che si formano sulla superficie delle torte durante la cottura? Al nostro corpo a volte succede la stessa cosa: lievita così tanto e così improvvisamente che sulla pelle (soprattutto di seno, fianchi e sedere) si formano come delle crepe chiamate *smagliature*. Sono lineette ondulate, piccole cicatrici che diventeranno parte di te e contribuiranno a raccontare la storia del tuo corpo.

COME SONO FATTA?

un'occhiata dentro di te

OSSERVA, SCOPRI, IMPARA

I nomi con cui viene chiamato l'organo che hai tra le gambe sono tanti e dei più fantasiosi: patatina, passerina, farfallina... A te la scelta di quello che preferisci usare, ma è importante che tu sappia che il suo nome ufficiale è **apparato genitale**.

Forse non gli hai mai prestato particolare attenzione, anche perché è meno esposto rispetto ad altre parti del corpo, ma vale la pena fare un po' la contorsionista e usare uno specchietto per scoprire precisamente com'è fatto.

La prima cosa che devi sapere è che gli organi genitali si dividono in esterni e interni.

I **genitali esterni** iniziano sotto la pancia, con quella collinetta più o meno sporgente che si chiama **monte di Venere**. È la zona che per prima si ricopre di peli con l'inizio della pubertà. Scendendo verso il basso, trovi la **vulva**, che è composta dalle grandi labbra, le piccole labbra, la clitoride e il vestibolo vulvare.

Le **grandi labbra** hanno il ruolo di proteggere il resto dell'organo grazie al grasso di cui sono costituite. Sono ricoperte di peli e hanno la pelle di un colore più scuro rispetto a quella del resto del corpo.

A dispetto del loro nome, le **piccole labbra** sono spesso più voluminose delle grandi; sono molto sensibili e non sono ricoperte di pelle, bensì di una mucosa liscia e umida simile a quella che hai all'interno della bocca.

Nel punto in cui le piccole labbra si saldano tra loro nella parte superiore, noterai una minuscola protuberanza: si tratta della punta della **clitoride**, un organo ben più grande di quello che riesci a vedere. Lucida e rosea, è la parte più sensibile del tuo corpo. Lì, infatti, convogliano migliaia di terminazioni nervose deputate alla percezione del piacere sessuale.

Se provi a distanziare con le dita le piccole labbra l'una dall'altra, ecco apparire il **vestibolo vulvare** su cui troverai due buchi: quello anteriore, più piccolo, è il **meato urinario**, da cui esce la pipì; quello posteriore, più ampio e profondo, è l'**apertura vaginale**, che delimita il confine tra apparato genitale esterno e interno.

L'apparato **genitale interno** è composto da vagina, utero, tube e ovaie. La **vagina** è un canale costituito da muscoli, è lungo circa 8 centimetri e unisce la vulva a un organo chiamato **utero**. Al suo interno, la vagina è delimitata dall'**imene**, una membrana più o meno sottile dalla forma simile a un anello o a una semiluna.

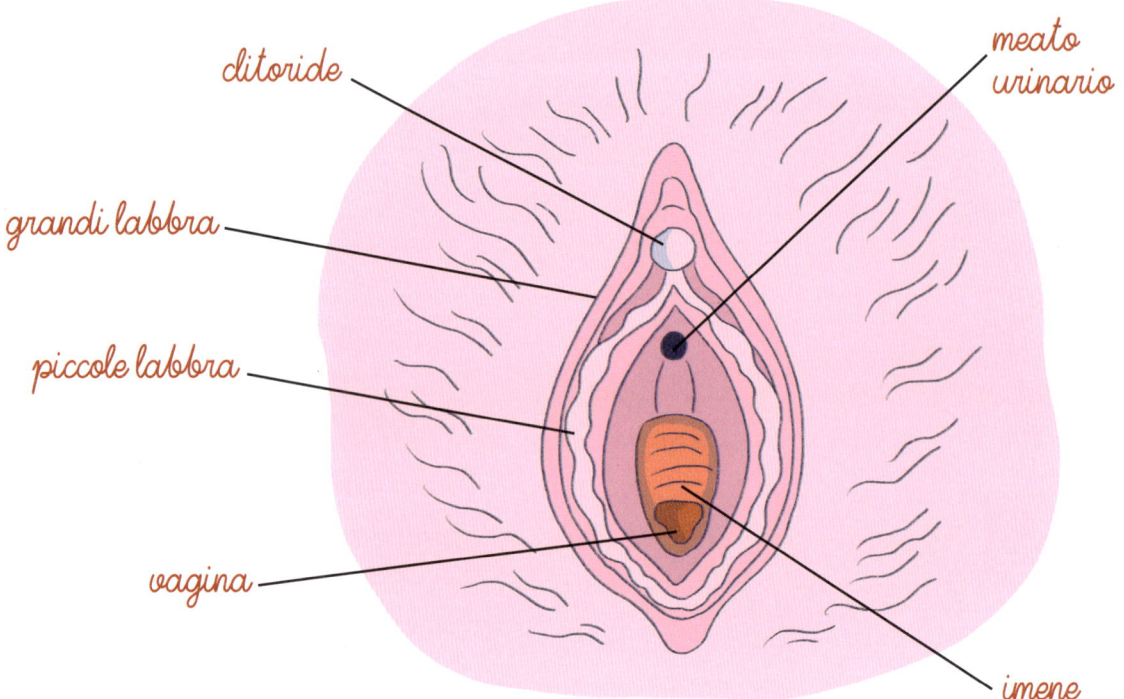

Di solito l'imene è molto elastico e si adatta all'inserimento nella vagina di corpi esterni, come per esempio gli assorbenti interni. Può capitare però che le dimensioni e l'elasticità in alcune ragazze siano minori, e che di conseguenza l'imene subisca una piccola lacerazione con la conseguente perdita di qualche goccia di sangue. Talvolta questa lacerazione coincide con il primo rapporto sessuale, ma non è una regola: avere perdite di sangue è normale quanto non averle!

SE VUOI SAPERNE DI PIÙ SUL PRIMO RAPPORTO SESSUALE, VAI A P. 97.

L'UTERO

Probabilmente non ti è mai capitato di vedere il disegno di un **utero**. Di sicuro, però, sai com'è fatto un palloncino, e magari ne hai anche gonfiato qualcuno per decorare casa in occasione di una festa. Ecco, immagina l'utero elastico e flessibile, proprio come uno di quei palloncini, che da piccolo piccolo è capace di ingrandirsi sempre di più quando, in gravidanza, si ritrova a ospitare un **feto** per 9 mesi.

SE VUOI SAPERNE DI PIÙ SUL FETO, VAI A P. 40.

 MA L'UTERO È ANCHE UN ORGANO ESTREMAMENTE DINAMICO E CAMBIA A OGNI FASE DELLA VITA DI UNA DONNA.

Grazie ai tessuti da cui è composto, muta la forma anche quando non è in atto una gravidanza, in modo da svolgere correttamente il proprio lavoro, che è quello di creare ogni mese un ambiente accogliente per ospitare un possibile feto e, nel caso in cui non avvenisce alcun concepimento, nel ripulire quell'ambiente rimasto inutilizzato per poterne offrire uno rinfrescato il mese successivo.

INSOMMA, L'UTERO È UN PO' COME UN PADRONE DI CASA PREMUROSO CHE PREPARA UNA STANZETTA CONFORTEVOLE IN VISTA DELL'ARRIVO DI UN POSSIBILE OSPITE, E CHE, QUANDO QUESTO NON SI PRESENTA, FA PRENDERE ARIA ALLA CAMERETTA, LA SPOLVERA E LA PULISCE IN MODO CHE SIA PRONTA PER L'OSPITE SUCCESSIVO.

Le pareti dell'utero sono composte da tre strati. Quello più interno è una mucosa chiamata **endometrio** che, a partire dal primo ciclo mestruale, durante il mese si inspessisce sempre di più per poi sfaldarsi ed essere espulso sotto forma di mestruazione. Questo ti fa capire quanto l'utero sia un padrone di casa davvero premuroso, visto che ogni volta non si limita a rassettare, ma dà perfino il bianco alle pareti della stanza degli ospiti!

Lo strato intermedio è il **miometrio** ed è il più spesso. Composto da muscolo, è responsabile delle contrazioni che favoriscono l'espulsione mensile dell'endometrio (ed ecco spiegati i possibili crampi che spesso accompagnano le mestruazioni).

L'ultimo strato, il più esterno, riveste l'utero e lo protegge, e si chiama **perimetrio**.

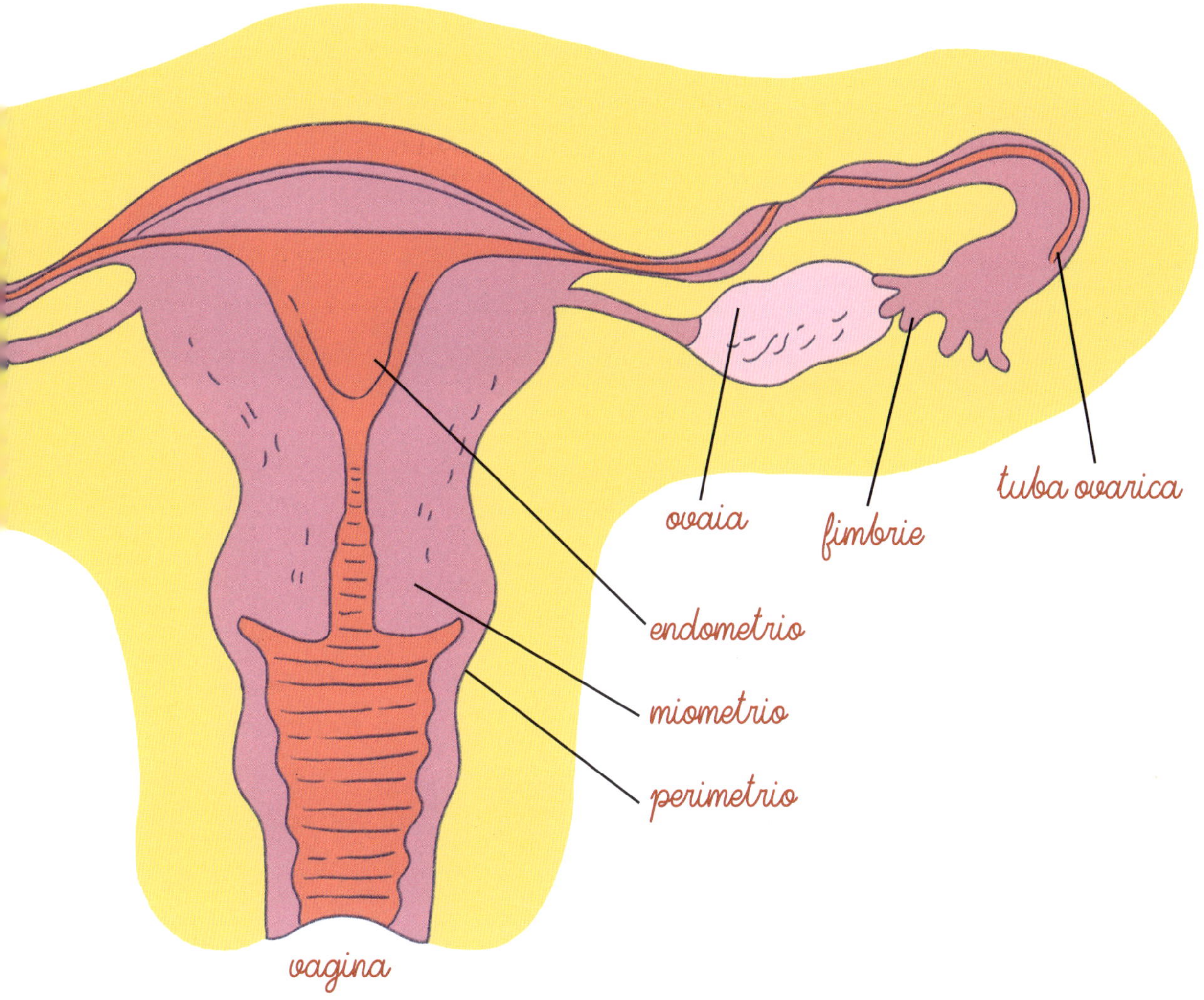

SE VUOI SAPERNE DI PIÙ SULLE MESTRUAZIONI, VAI A P. 49.

ovaia

fimbrie

tuba ovarica

endometrio

miometrio

perimetrio

vagina

TUBE E OVAIE

Come ormai sai, l'utero somiglia a un palloncino. Da un lato e dall'altro della sua parte più larga partono due tubicini lunghi dai 7 ai 12 centimetri, che vanno via via slargandosi fino ad aprirsi come la corolla di un fiore. Sono le **tube ovariche** (anche dette trombe, salpingi uterine o tube di Falloppio, dal nome dello scienziato che le ha descritte per primo), la cui funzione è quella di collegare la cavità uterina alle ovaie, consentendo il transito dell'ovulo verso l'utero.

L'estremità di ciascuna tuba è formata da spessi filamenti chiamati **fimbrie**, che si appoggiano sull'**ovaia** e, solleticandola, acchiappano l'ovulo che viene rilasciato ogni mese.

OVULI

Gli *ovuli* sono le cellule sessuali femminili, mentre gli *spermatozoi* sono le cellule sessuali maschili. Dall'incontro di un ovulo e uno spermatozoo può formarsi un feto.

UNA SCORTA PER LA VITA

Già alla nascita possiedi una scorta di ovuli (circa un milione) che il tuo corpo utilizzerà nel corso della vita. A partire dalla pubertà e fino alla menopausa – i due momenti che determinano l'inizio e la fine dell'età fertile di una donna – ogni mese giungerà a maturazione un solo ovulo, per un totale di circa 400.

Anche le **ovaie** sono due, ciascuna localizzata tra utero e fimbrie. L'ovaia è lunga più o meno la metà della tuba e la sua forma ricorda quella di una mandorla. Il compito delle ovaie è duplice: produrre gli ormoni sessuali (estrogeni, progesterone e, in minore misura, gli androgeni) che regolano le fasi del ciclo mestruale, e produrre e custodire migliaia di ovuli.

COME SI RESTA INCINTA

Quindi, ci sono gli ovuli e gli spermatozoi, e quando un ovulo e uno spermatozoo si incontrano, dalla loro unione nasce un bebè. Questo incontro avviene a seguito di un rapporto sessuale: il pene (organo sessuale maschile) penetra nella vagina e, al culmine dell'eccitazione, eiacula, cioè espelle un fluido vischioso chiamato *sperma*, contenente milioni di spermatozoi.

Facile, no? Be', non proprio, perché quello che all'apparenza sembra un qualsiasi appuntamento romantico è, in realtà, il risultato di un incontro che vede vincitori solo gli esponenti migliori di due squadre: il Team Ovuli e il Team Spermatozoi!

Ogni mese nell'ovaia maturano circa un migliaio di ovuli, ma solo uno di questi lascerà l'ovaia per risalire la tuba ovarica, dove resterà in attesa dell'eventuale arrivo degli spermatozoi. Pazienterà per circa 24 ore, dopodiché, se non sarà fecondato, scivolerà nell'utero e verrà espulso insieme alle mestruazioni.

Gli spermatozoi, invece, sono dei tipetti più pazienti, e rimangono ad aspettare l'ovulo in media 5 giorni. E non saranno giorni facili! Dovranno, infatti, spendere molte energie per nuotare nell'oceano di secrezioni vaginali e uterine nel tentativo di risalire la vagina, attraversare l'utero e arrivare nella tuba ovarica giusta che ospita l'ovulo (sì, giusta, perché le ovaie lavorano in modo pressoché alterno: un mese una, un mese l'altra). I più deboli periranno subito, molti altri lungo l'impervio tragitto, perché incapaci di adattarsi all'ambiente acido delle cavità femminili, altri ancora a un passo dalla meta. Lo spermatozoo trionfatore di questa competizione deve avere tre caratteristiche fondamenta-

SE VUOI SAPERNE DI PIÙ SUL RAPPORTO SESSUALE, VAI A P. 97.

li: velocità, resistenza e spirito di adattamento.

Ed ecco quindi giunto il momento del tanto sospirato incontro. Attorno all'ovulo si accalcheranno gli spermatozoi finalisti, ma solo uno riuscirà a farsi strada tra la palizzata di cellule che circondano l'ovulo, detta *corona radiata*. Al fortunato toccherà erodere con pazienza la *zona pellucida*, un rivestimento protettivo che dapprima inviterà lo spermatozoo a entrare e in seguito chiuderà i battenti a tutti gli altri.

Lo spermatozoo vincitore, infine, bucherà la membrana cellulare dell'ovulo per fondere con esso il proprio patrimonio genetico. Da questa unione nascerà lo *zigote*, il primissimo abbozzo di essere umano, che comincerà subito a moltiplicare il numero di cellule che lo compongono. Dopo poco più di una settimana, questo ammasso di cellule scivolerà nell'utero e si insedierà nell'endometrio, dove resterà al calduccio per 9 mesi, crescendo giorno dopo giorno!

CONTRACCEZIONE

Spesso nella vita avrai voglia di avere rapporti sessuali solo per il piacere che ne trai, e non per concepire un bambino; proprio a questo scopo sono stati creati i **contraccettivi**. Ne esistono di due tipi: quelli ormonali e quelli meccanici.

I **contraccettivi ormonali** sono composti da ormoni simili a quelli prodotti naturalmente dal corpo femminile. Assumendoli sotto forma di pillola o tramite cerotti, avrai in circolo una quantità di ormoni tale da permettere alle tue ovaie di riposarsi e non portare a maturazione un ovulo mensilmente. Niente ovulo, niente bambino.

I **contraccettivi meccanici**, invece, frappongono una barriera tra l'ovulo e gli spermatozoi. Tra questi i più comuni sono i **preservativi**, dei cappuccetti solitamente realizzati in lattice che vengono indossati sul pene in erezione. Al momento dell'eiaculazione, i preservativi trattengono lo sperma impedendo così agli spermatozoi di iniziare la corsa verso l'ovulo.

I preservativi, come dice anche il loro nome, servono a preservarti, e cioè a proteggerti, non solo da una gravidanza indesiderata, ma anche dalle malattie che si trasmettono durante i rapporti sessuali.

SE VUOI SAPERNE DI PIÙ SULLE MALATTIE A TRASMISSIONE SESSUALE, VAI A P. 104.

Affrontare un rapporto sessuale sapendo di essere al sicuro da una gravidanza che non desideri o da una malattia, è come andarsene a zonzo sui rollerblade indossando caschetto e ginocchiere: ti permette di goderti solo il bello di quell'esperienza senza preoccuparti di eventuali cadute!

PILLOLA DEL GIORNO DOPO

Avere rapporti sessuali sicuri è un'abitudine che è bene fare propria. Se però dovesse capitarti di avere un rapporto non protetto, potrai ricorrere alla *contraccezione di emergenza*: un farmaco anticoncezionale che contiene ormoni e che può essere assunto entro 72 ore dal rapporto non protetto. Il nome di questa pratica ne indica una caratteristica fondamentale: va usata eccezionalmente e non come prassi.

LA PRIMA VISITA GINECOLOGICA

Per assicurarsi che l'apparato genitale esterno e interno stia bene ci si rivolge alle ginecologhe o ai ginecologi.

A voler essere oneste, quella ginecologica potrebbe non rientrare nella top ten delle tue visite mediche preferite, perché è un po' scomoda e, soprattutto le prime volte, può essere imbarazzante.

Appena entrerai nello studio, dovrai innanzitutto rispondere a certe domande, come per esempio quanto sei alta, quanto pesi, quando hai avuto il menarca o la data delle ultime mestruazioni (è sempre una buona abitudine prendere nota delle date del ciclo). In questo modo chi ti visita inizierà a conoscerti e a farsi un'idea del tuo corpo. Poi ti verrà chiesto di spogliarti dalla vita in giù e stenderti su un let-

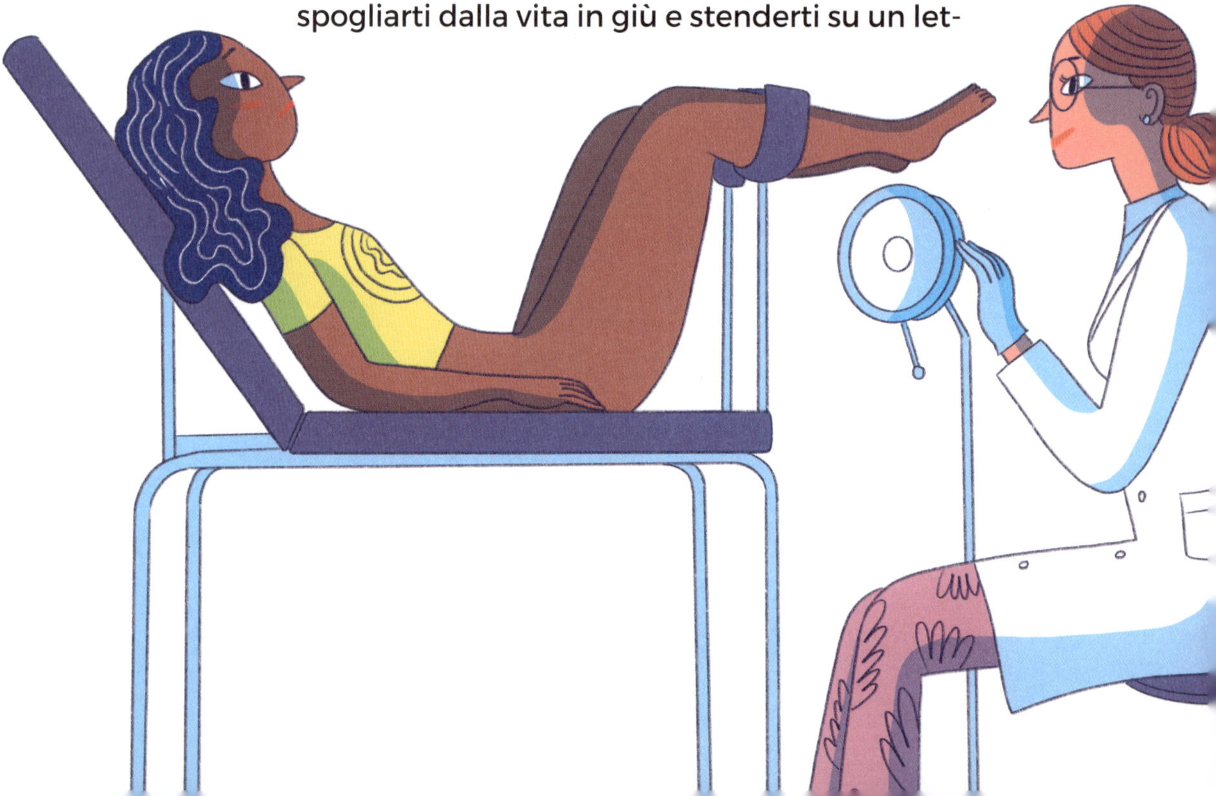

SE VUOI SAPERNE DI PIÙ SUL MENARCA, VAI A P. 51.

tino dotato di due alte staffe che ti aiuteranno a tenere le gambe sollevate e divaricate, consentendo a chi ti visita di avere la migliore visuale possibile sui tuoi genitali esterni. Dopo, a seconda che tu sia vergine o no, potranno essere controllati anche i genitali interni. E, se sarà necessario, verrà eseguita un'ecografia.

Non esiste un'età specifica per effettuare la prima visita, ma se dovessi notare qualcosa d'insolito (per esempio cambiamenti di odore o consistenza delle secrezioni vaginali o dolori particolarmente intensi durante le mestruazioni), o avessi deciso di avere il primo rapporto sessuale, è ora di prendere appuntamento! La ginecologa o il ginecologo, infatti, oltre a effettuare un controllo completo, potrà chiarire ogni tuo dubbio su contraccezione e malattie trasmissibili sessualmente.

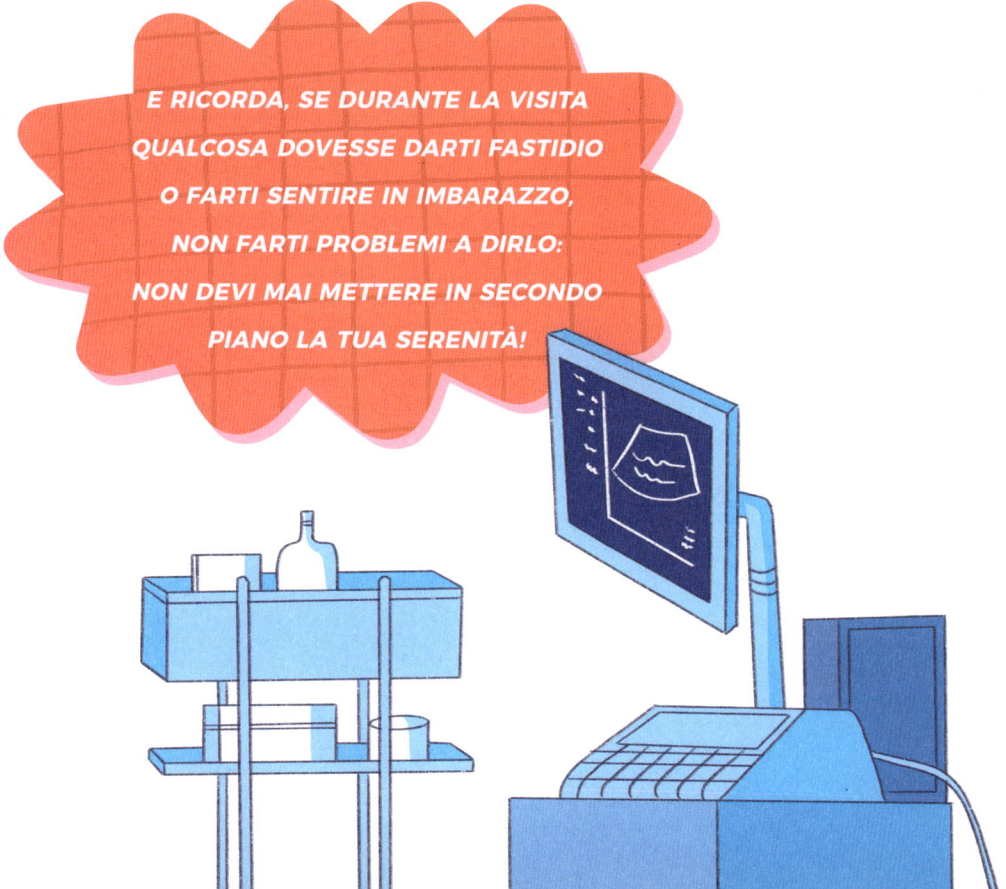

E RICORDA, SE DURANTE LA VISITA QUALCOSA DOVESSE DARTI FASTIDIO O FARTI SENTIRE IN IMBARAZZO, NON FARTI PROBLEMI A DIRLO: NON DEVI MAI METTERE IN SECONDO PIANO LA TUA SERENITÀ!

MI SONO VENUTE!

tutto sulle mestruazioni

LE INNOMINABILI

Che tu le abbia o meno, avrai già avuto modo di scoprire la grande verità sulle mestruazioni: nessuno vuole chiamarle con il loro nome!

C'è chi dice: «Ho le mie cose», chi: «Ho le regole», chi: «Sono indisposta» e chi: «Sono in quei giorni». Poi ci sono quelle che: «È arrivato il marchese», «Sono arrivati i parenti» o «Le zie» (che, a seconda del luogo geografico, possono avere un nome o una provenienza ben precisa). E poi c'è chi utilizza modi di dire che sembrano presi da una saga fantasy, tipo: «È il tempo della luna». Insomma, quando si tratta di inventare giri di parole per nominare le innominabili, la fantasia non conosce limiti, ma anche se lo "stru" al centro di "mestruazioni" fa inciampare la lingua, è quello il modo corretto di definire la perdita di sangue che si sperimenta a partire dalla pubertà, ed è molto importante chiamare le cose con il proprio nome.

> E QUINDI, DILLO CON DECISIONE:
> MESTRUAZIONI. MESTRUAZIONI!
> MESTRUAZIONI! MESTRUAZIONI!
> **ME-STRUA-ZIO-NI!**

IL MENARCA

È la prima mestruazione e annuncia la fine della pubertà e l'entrata nell'**età fertile**. La maggior parte delle ragazze ha il menarca tra i nove e i sedici anni, circa due anni dopo la comparsa dei peli e l'inizio dello sviluppo del seno.

A volte il menarca si annuncia a partire da qualche settimana prima attraverso delle secrezioni. Quelle macchie biancastre sulle mutandine sono dovute all'aumento del fluido vaginale e sono il segnale che il corpo è ormai pronto per avere rapporti sessuali e procreare.

ABBIAMO PARLATO DI ETÀ FERTILE A P. 41.

IL FATTO CHE IL TUO CORPO SIA PRONTO A PROCREARE E AD AVERE RAPPORTI SESSUALI NON SIGNIFICA CHE LO SIA ANCHE LA TUA MENTE: NON AVERE FRETTA E ASPETTA IL MOMENTO GIUSTO!

LE MESTRUAZIONI

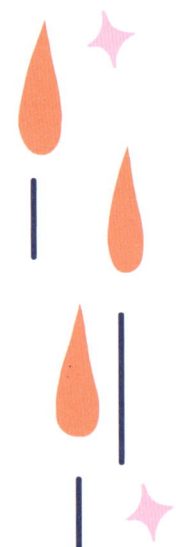

Nel corso della vita ogni donna ha le mestruazioni in media 400 volte... quindi, anche se capiterà che arrivino nei momenti meno opportuni, è proprio il caso che tu faccia amicizia con questo appuntamento mensile.

Le mestruazioni sono una perdita di sangue e muco dalla vagina che si ripete ciclicamente ogni mese e dura dai 3 ai 7 giorni. Il periodo che intercorre tra una mestruazione e l'altra si chiama **ciclo mestruale** e dura all'incirca 28 giorni.

Il fluido denso e rosso scuro, che fuoriesce attraverso la vagina, deriva dallo sfaldamento dell'endometrio, lo strato più interno dell'utero, che si inspessisce quando si prepara alla fecondazione. Se questa non avviene, il rivestimento formato da sangue e frammenti di cellule ormai morte viene espulso sotto forma di mestruazione.

ABBIAMO PARLATO DELL'ENDOMETRIO A P. 38.

SE PRIMA O DURANTE IL CICLO MESTRUALE AVVERTI TENSIONE ALLE TETTE, NON PREOCCUPARTI È NATURALE: DIPENDE DALLE VARIAZIONI ORMONALI. PUÒ ESSERE PIÙ O MENO FASTIDIOSA, E VARIA A SECONDA DELLA STRUTTURA DELLE MAMMELLE, DELL'ETÀ DELLA DONNA E DELLA SENSIBILITÀ DEI TESSUTI.

ANCHE SE A GUARDARLO SULL'ASSORBENTE SEMBRA TANTISSIMO, IN REALTÀ IL SANGUE MESTRUALE CHE VIENE ESPULSO OGNI MESE NON È MOLTO: È L'EQUIVALENTE DI 3 CUCCHIAI COLMI!

ASSORBENTI, TAMPONI E COPPETTE

Nessuno lo nega: le mestruazioni possono davvero essere una seccatura!

A partire dal menarca, infatti, per almeno 3 giorni al mese dovrai trovare soluzioni per gestire il flusso mestruale in modo da poter continuare a vivere spensierata senza rinunciare a nessuna delle attività a cui ti dedichi di solito (a meno che tu non abbia invece voglia di trascorrere un pomeriggio accoccolata sotto le coperte mangiando dolcetti e guardando la tv).

Rispetto alle donne che ti hanno preceduta, però, puoi ritenerti fortunata, perché le tue antenate non avevano a disposizione tutti quei prodotti di igiene intima tra cui ora puoi scegliere!

I PRODOTTI PIÙ USATI DALLE DONNE DEL MONDO OCCIDENTALE E INDUSTRIALIZZATO SONO GLI ASSORBENTI.

Gli assorbenti si dividono in interni ed esterni. Gli **assorbenti esterni** sono dei sottili pannolini che si fissano alle mutandine attraverso un lato adesivo e che, come suggerisce il nome, assorbono il sangue mestruale e lo trattengono in modo che non sgoccioli. In alcuni casi sono dotati anche di ali che, ripiegandosi sui bordi delle mutandine, garantiscono una protezione in più da possibili fuoriuscite di sangue (e dalle conseguenti macchie sugli abiti, incubo di ogni generazione di donne!). Gli assorbenti esterni sono sicuramente pratici, ma risultano poco comodi in determinate situazioni, come per esempio durante l'attività fisica, o addirittura inadatti, come quando fai il bagno al mare o in piscina.

Gli **assorbenti interni**, meglio noti come **tamponi**, sono dei cilindretti di cotone pressato alla cui estremità inferiore è fissato saldamente un cordoncino. Il tampone va inserito nella vagina con le dita o tramite l'applicatore di cui alcuni sono dotati. Una volta in posizione, il tampone assorbirà il sangue mestruale prima che esca dalla vagina. Quando poi sarà il momento di estrarre il tampone, basterà tirare il cordoncino, che per tutto il tempo sarà rimasto all'esterno.

Per imparare a indossare correttamente i tamponi, serve un po' di pratica, ma vale la pena provarci, perché gli assorbenti interni ti permettono, per esempio, di nuotare in libertà!

SOS: QUALE SCELGO?!

Ti basterà fare una passeggiata nel reparto "igiene personale" di un qualunque supermercato per renderti conto che esistono decine di tipi diversi di assorbenti, sia esterni sia interni.
Ce ne sono di corti, lunghi, spessi, sottilissimi, adatti ai tanga, da giorno, da notte, mini, super, in fibre sintetiche o naturali…
Da perderci la testa, dirai!
Tranquilla: con il tempo, conoscerai il tuo flusso e imparerai a capire quale tipo di assorbente fa al caso tuo!
Che tu scelga gli assorbenti interni o esterni (o decida di alternarli a seconda delle occasioni) la parola d'ordine sarà sempre e solo una: igiene! Cambia l'assorbente più volte al giorno, circa ogni 4 o 5 ore e lavati accuratamente.
Si tratta di un accorgimento che ti aiuterà a evitare irritazioni e cattivi odori e, nel caso degli assorbenti interni, infezioni da batteri.

ALTERNATIVE ECOLOGICHE

Ogni volta che cambi l'assorbente produci un rifiuto non biodegradabile... e un assorbente oggi, un tampone domani, nel corso della tua vita fertile arriverai a produrre più di una tonnellata di rifiuti!

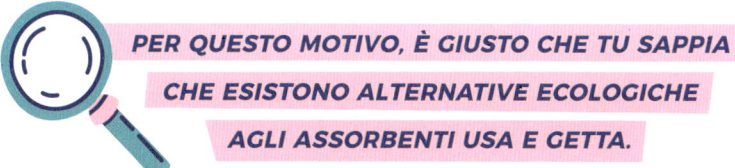

PER QUESTO MOTIVO, È GIUSTO CHE TU SAPPIA CHE ESISTONO ALTERNATIVE ECOLOGICHE AGLI ASSORBENTI USA E GETTA.

Le due alternative ecologiche, che negli ultimi tempi hanno preso più piede, sono la coppetta e le mutande mestruali.

La **coppetta** è fatta di silicone anallergico, ricorda un bicchierino ed è dotato all'estremità di un picciolo, che svolge un ruolo simile al cordino dei tamponi. A differenza di questi, però, una volta infilata nella vagina la coppetta non assorbe il sangue, ma lo raccoglie, e per questo va svuotata ogni 8-12 ore. È invisibile, ecologica ed economica, visto che potrai utilizzarla per molti anni. Dopo ogni uso va sciacquata sotto l'acqua corrente, e tra una mestruazione e l'altra sterilizzata in acqua bollente.

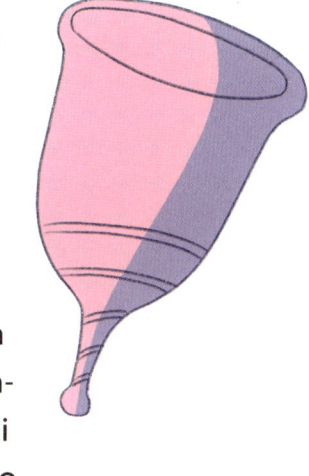
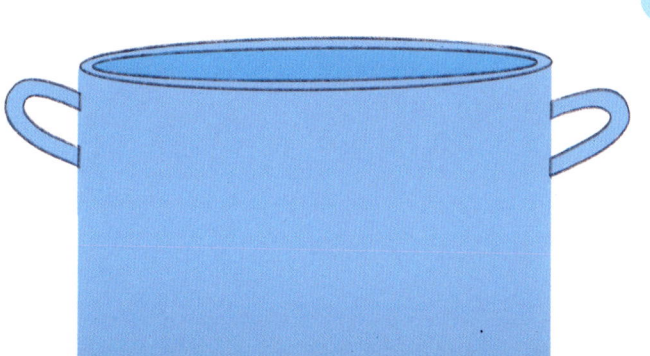

Le **mutande mestruali** sono un incrocio tra dei semplici slip e degli assorbenti: al loro interno contengono uno strato capace di assorbire e trattenere il sangue mestruale. A differenza della coppetta non richiedono alcuna pratica per essere indossate, ma ricorda di lavarle accuratamente dopo ogni utilizzo!

SPM

Ufficialmente sta per **sindrome premestruale**, ma potrebbe benissimo significare "sottosopra pensierosa malinconica": è così, infatti, che alcune ragazze si sentono nei giorni precedenti l'inizio delle mestruazioni! È un malessere che coinvolge tanto la mente quanto il corpo, perché al malumore possono associarsi sintomi fastidiosi come il gonfiore addominale, la stitichezza, la stanchezza e la dolenzia del seno. E come se non bastasse, spesso e volentieri a tutto ciò si aggiungono degli odiosi brufoletti sul viso!

I responsabili di questa burrasca fisica ed emotiva sono gli ormoni, e l'unico modo per contrastarla è prenderti cura di te con un'alimentazione sana, la coccola di un dolcetto, se ti andrà, e rispettando i tuoi sbalzi d'umore.

ABBIAMO PARLATO DI BRUFOLI A P. 28.

«Ehi... psss... Scusa... hai per caso un... assorbente? Mi sono venute...»

Forse non l'hai ancora mai sentita, però questa frase non è solo una richiesta comunissima tra compagne di scuola ma, soprattutto per il modo in cui viene sussurrata, rappresenta un sentimento spesso associato alle mestruazioni: la vergogna.

Dovendo chiedere un assorbente di emergenza, infatti, è molto probabile che non ti verranno spontanei il tono e il piglio che useresti se chiedessi in prestito una matita, e questo perché nella nostra società le mestruazioni sono ancora considerate qualcosa di cui è meglio non parlare.

Questo tabù ha radici antichissime, ed è praticamente nato insieme alla specie umana. In effetti, non è difficile immaginare quale potesse essere lo sgomento causato da un fenomeno come le mestruazioni all'epoca in cui non se ne conoscevano le ragioni. Com'era possibile che le donne sanguinassero per giorni ogni mese senza che fossero state ferite e senza morire? Doveva esserci dietro qualcosa di magico... o di malefico!

È per questo che, attorno alle mestruazioni, nel corso dei secoli sono fiorite leggende e superstizioni che di scientifico non hanno proprio nulla. Le più famose e singolari sono quelle raccolte dal filosofo naturalista latino Plinio il Vecchio, per il quale il sangue mestruale aveva, tra i tanti effetti catastrofici, quello di fare inacidire il vino, far arrugginire il bronzo e il ferro, e fare morire le api!

Queste credenze, seppur cambiando leggermente forma, sono sopravvissute nel tempo, e sono tutt'ora diffuse in molte zone del mondo, nonostante ormai si conoscano per filo e per segno le ragioni scientifiche.

Ti sembrerà incredibile, ma in alcuni Paesi le tue coetanee sono spesso costrette a isolarsi durante i giorni delle mestruazioni, perché considerate impure per gli altri e per l'ambiente circostante.

> Gli assorbenti sono costosi e non tutte le donne possono permetterseli. Quindi, se ne hai la possibilità, di quando in quando lasciane un pacchetto sigillato nel bagno della scuola!

SEI UNA RAGAZZA FORTUNATA!

Forse non ci hai pensato, ma già solo il poter sfogliare questo libro fa di te una ragazza fortunata rispetto a tante tue coetanee. In primo luogo, perché vuol dire che sei andata a scuola e hai imparato a leggere, e poi perché hai a disposizione tantissime informazioni sul tuo corpo e il modo in cui funziona, che ti renderanno la vita molto più facile.

Anche la possibilità di scegliere l'assorbente più adatto alle tue esigenze, così come avere accesso ad antidolorifici, che allevino i crampi mestruali, sono un privilegio a cui non possono aspirare molte ragazzine che vivono in altre parti del mondo, ma forse anche alcune tue compagne di scuola.

ABBIAMO PARLATO DI CRAMPI MESTRUALI A P. 39.

> Nessuno conosce il tuo corpo meglio di te, dunque scegli ciò che più ti fa bene per affrontare i giorni del ciclo nel migliore dei modi. Per trovare sollievo, in alcuni casi può essere sufficiente bere una tisana calda e indossare vestiti comodi che non stringano la pancia, in altri, invece, quando il fastidio diventa un vero e proprio dolore, può essere utile assumere un analgesico.

Non dare mai per scontate queste cose e, se puoi, fai in modo di condividere un pezzetto del tuo privilegio con chi è meno fortunata di te.

Cosa puoi fare?

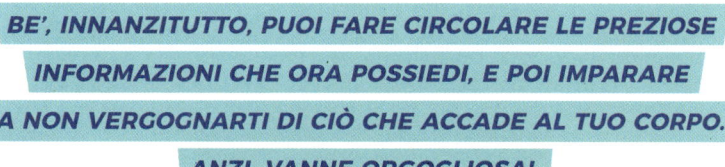

BE', INNANZITUTTO, PUOI FARE CIRCOLARE LE PREZIOSE INFORMAZIONI CHE ORA POSSIEDI, E POI IMPARARE A NON VERGOGNARTI DI CIÒ CHE ACCADE AL TUO CORPO. ANZI, VANNE ORGOGLIOSA!

LAVORI IN CORSO

ovvero, la preadolescenza

CHE TEMPESTA!

Prima dell'arrivo della pubertà la vita era mooolto più semplice.

Quando la tua testa diceva: "È una giornata perfetta per andare sui pattini!", il tuo corpo rispondeva subito: "Sììì!". Oppure, testa: "Ora faccio un bel disegno!", corpo: "Sììì!". O ancora, testa: "Mamma e papà sono i migliori del mondo, ora vado a dargli un bacetto!", e il corpo: "Sììì!".

Insomma, tra testa e corpo regnava la pace: volevano le stesse cose ed erano felici di fare tutto insieme. A spezzare questo idillio, però, è arrivata la pubertà, e la vita ha smesso di essere semplice.

Ora, infatti, capita che, se la testa dice: "Che carina quella bambola in vetrina!", il tuo corpo risponda: "Ma quale bambola, guarda quant'è carino quel ragazzino laggiù, piuttosto!".

Oppure, testa: "Oggi faccio una maratona di cartoni animati!", corpo: "Bleah! Io voglio andare in centro con le amiche!".

O, ancora, testa: "Che bello, stasera io e mamma prepariamo una torta insieme!", corpo:

"Mamma?! Quella che ieri ci ha detto che, se non finivamo i compiti, potevamo scordarci di andare alla festa? Io quella non voglio vederla MAI più!".

All'origine di questo disaccordo (che per fortuna è solo temporaneo) c'è il fatto che i **cambiamenti** che con la pubertà investono il corpo sono molto più repentini di quelli che coinvolgono la testa. E così va a finire che mentre il corpo, ormai sviluppato, ti dice che sei già una ragazza, la testa continua a ripeterti che sei una bambina.

SE VUOI SAPERNE DI PIÙ SU COME ACCORDARE MENTE E CORPO, VAI A P. 73.

CHI DEI DUE HA RAGIONE? ENTRAMBI E NESSUNO ALLO STESSO TEMPO, PERCHÉ TI TROVI IN QUELLA FASE DELLA VITA CHIAMATA PREADOLESCENZA, UNA VIA DI MEZZO TRA L'INFANZIA E L'ADOLESCENZA.

Ma così come fai i compiti per essere promossa nella classe successiva, allo stesso modo in questa fase svolgerai dei compiti – che gli psicologi chiamano **compiti di sviluppo** – che ti aiuteranno a diventare la donna che sarai.

Questo continuo battibecco tra la bambina che eri e l'adulta che sarai, ti farà spesso sentire confusa e disorientata come una barchetta in mezzo a una tempesta. Ma tieni duro e cerca di governare la barca perché alla fine di ogni tempesta torna sempre il sereno. In fondo, prima di essere salita in barca qualche piccola dritta per come affrontare il mare aperto l'hai avuta e saprai come comportarti.

VIETATO ENTRARE

E mentre dentro di te è in atto una rivoluzione, fuori è come se non fosse successo nulla. La tua casa è sempre la stessa, i tuoi genitori sono sempre gli stessi, la vita è sempre la stessa. E talvolta tutto questo ti sembrerà davvero insopportabile. La tua casa ti sembrerà insopportabile, e anche i tuoi genitori, con i loro commenti e le loro regole, smetteranno di sembrarti quel rifugio sicuro che sono sempre stati.

DI COLPO TI ACCORGERAI CHE LA TUA CAMERETTA HA UNA PORTA, CHE SEMPRE PIÙ SPESSO DESIDERERAI CHIUDERE, PER RESTARE SOLA CON TE STESSA E NON ESSERE DISTURBATA.

Rivendicare la tua **autonomia** è un'esigenza naturale: finora eri considerata e ti sentivi esclusivamente "figlia di", ora hai bisogno di affermare la tua **individualità**.

Anche il tuo corpo adesso ti sembra più tuo di quanto non lo sia mai stato prima, e le coccole somigliano più a un'invasione di campo che a una dimostrazione d'affetto.

Ci saranno litigi e discussioni, ma stai tranquilla, perché il legame con mamma e papà non si sta spezzando, ma sta solo cambiando, e sii paziente, perché anche loro stanno imparando a rapportarsi con una ragazza e non più con una bambina.

NUOVO REGOLAMENTO

In camera mia si entra solo dopo aver bussato (e che io abbia detto: avanti!).

Le coccole vanno limitate alle occasioni speciali (sempre previa autorizzazione).

Se non vi piace come mi vesto, tenetevelo per voi (a meno che non chieda la vostra opinione).

E ORA CHE COSA CI FACCIO CON TUTTI I MIEI GIOCATTOLI?

Tra i vari battibecchi, che scoppieranno tra la bambina che eri e l'adulta che sarai, uno dei più accesi riguarderà i giocattoli. Sì, proprio così: le bambole, i peluche, le macchinine, le costruzioni... l'adulta che cresce in te vorrà liberarsene, mentre la bambina che finora ha sempre comandato piangerà al pensiero di separarsi dai suoi tesori.

Anche in questa occasione, prendi un bel respiro e ricordati che non si cresce da un giorno all'altro, e che ancora per un po' ci saranno momenti in cui sarai presa dal desiderio irrefrenabile di giocare, e altri in cui vorrai invece liberarti di tutto quello che ti impedisce di sentirti grande. In ogni caso, quel che conta è che tu sia libera di fare ciò che ti rende felice in quel momento (anche se domani cambierai idea).

L'IMPORTANZA DI SOCIALIZZARE

Se la tua vita fosse una serie tv, fino a un po' di tempo fa avrebbe avuto un cast di personaggi molto ridotto. Ci saresti stata tu, la protagonista, i tuoi genitori, magari fratelli e sorelle e un animale domestico. Anche le ambientazioni sarebbero state ridotte: casa, scuola, e forse la palestra e il parchetto.

L'arrivo della pubertà, però, coincide con una stagione tutta nuova, con le ambientazioni più varie e un cast pieno di nuovi personaggi.

ABBIAMO PARLATO DI PUBERTÀ A P. 13.

Il mondo, a cui eri abituata, infatti, aveva una dimensione prevalentemente casalinga; ma ora il mondo racchiuso tra le quattro mura domestiche non ti basta più. Hai bisogno di confrontarti con i tuoi coetanei, di allargare i confini e calpestare strade che non hai mai percorso.

Ma chi sono i nuovi personaggi che renderanno più animata questa nuova stagione chiamata "preadolescenza"? Eccoli!

L'amica del cuore

Si può vivere senza amica del cuore? Certo che sì... ma si perde tanto! L'amica del cuore è la tua alleata numero 1, è quella che piangerà insieme a te per i tuoi dispiaceri, riderà per le tue gioie ed esulterà per i tuoi successi. Sarà al tuo fianco in tutte le nuove esperienze, che, grazie alla sua compagnia, ti sembreranno meno spaventose (o più emozionanti). E se ancora non hai un'amica del cuore, non temere, arriverà, ma sappi che il primo passo per trovare un'amica del cuore è essere una buona amica del cuore!

Il team di amiche

C'è una parola che forse non hai ancora mai sentito, ma che di sicuro renderà la tua vita più bella: **sorellanza**! Si tratta di quel legame che si stabilisce tra ragazze che condividono valori e obiettivi e per questo si aiutano a vicenda. E se nel caso dell'amica del cuore vale la promessa "conta su di me", nella sorellanza le voci di più amiche si uniscono e, con ancora più forza, gridano "conta su di noi".

Il gruppo

Prima o poi avrai bisogno di confrontarti con un gruppo di coetanei, che non sia composto solo dalle tue migliori amiche, ma anche da ragazzi e ragazze che conosci in maniera più superficiale, o con i quali senti comunque di avere delle affinità, per esempio per quanto riguarda lo sport o i gusti musicali. Il confronto con il gruppo ti aiuterà a mettere a fuoco te stessa, capendo che cosa ti piace e che cosa no.

Domande frequenti

Passare dalle stelle alle stalle: hai mai sentito questo modo di dire?

Si usa per indicare una situazione in cui ci si ritrova da un momento all'altro a passare da una condizione idilliaca a una terribile. Con le prime amicizie potrà capitarti esattamente questo: di passare dalle stelle alle stalle. Quando le cose andranno bene, ti sentirai appagata ed euforica, ma quando le cose andranno male (e capiterà, perché capita a tutti), ti sentirai sprofondare in una voragine di angoscia e paura, e le domande che ti farai saranno tante.

Ecco qualche risposta.

D: LA MIA AMICA DEL CUORE RESTERÀ LA MIA AMICA DEL CUORE PER SEMPRE?

R: Forse sì e forse no. Forse, crescendo, cambierete e l'affinità, che avevate un tempo, sbiadirà fino a scomparire. Questo però non significa che non potrete restare amiche e continuare a frequentarvi e a fare il tifo l'una per l'altra.

D: SI PUÒ LITIGARE CON L'AMICA DEL CUORE?

R: Eccome! Si può litigare con lei così come si può litigare con qualsiasi altra persona a cui si vuole bene. Essere amiche non significa andare sempre d'accordo e pensarla allo stesso modo su tutto, ma non dimenticare mai che il legame che vi unisce è più importante di qualsiasi contrasto.

D: AIUTO, LE MIE AMICHE MI ESCLUDONO! CHE COSA FACCIO?

R: Parla con loro e capisci per quale motivo non ti coinvolgono più come prima nelle loro attività. Potrebbe trattarsi di un semplice malinteso, oppure potrebbero avere deciso di prendere una strada diversa dalla tua. In ogni caso, chiarirti le idee su cosa sta succedendo, ti aiuterà a capire come comportarti.

D: PER ESSERE ACCETTATA IN UN GRUPPO, DEVO FARE PER FORZA TUTTO QUELLO CHE FANNO GLI ALTRI?

R: No, anche appartenendo a un gruppo che ti piace e con cui ti trovi bene, tu continui a essere una persona con i propri gusti e le proprie opinioni, che devi sempre sentirti libera di esprimere!

D: NON HO AMICI, CHE COSA C'È DI STRANO IN ME?

R: Niente! Magari sei molto timida, oppure non hai ancora incontrato le persone giuste. Avere alcuni amici con cui condividere pensieri ed esperienze, però, è molto importante, quindi vale la pena di non arrendersi e di continuare a cercare!

ABITARE IL PROPRIO CORPO

Potrà sembrarti strano sentirtelo dire, ma imparare ad abitare il tuo corpo è proprio quello che dovrai fare. Con la pubertà, infatti, il tuo corpo cambierà forma e desideri, tanto da sembrarti sconosciuto… o quasi. Sarà come entrare nella tua cameretta, quella in cui sei cresciuta e di cui conosci ogni angolino, e accorgerti che è stata completamente ristrutturata: è sempre la tua cameretta, ma allo stesso tempo è un posto completamente nuovo. Inizialmente potrai sentirti smarrita, ma un po' alla volta familiarizzerai con il nuovo ambiente, esplorandone ogni anfratto e personalizzandolo secondo i tuoi gusti fino ad avvertire che ti appartiene davvero. Allo stesso modo, quel corpo, che ora ti sembra quasi irriconoscibile, diventerà sempre più familiare, fino al giorno in cui, guardandoti allo specchio, ti dirai: «Eccomi, questa sono io!».

Nel frattempo, dovrai trovare la maniera di convivere con il tuo corpo, anche se ti sembrerà di non riconoscerlo più, anche se, con i suoi cambiamenti improvvisi, ti sembrerà sgraziato e deluderà le tue aspettative. La tentazione di ignorarlo sarà forte, ma se all'inizio la tua mente faticherà a capirne messaggi ed esigenze, a un certo punto inizierà a parlare la sua stessa lingua. Questo è un obiettivo importante da raggiungere, un compito fondamentale della crescita che in psicologia si chiama **mentalizzazione**, e si realizza quando la mente abita finalmente il corpo.

SONO COSE DA FEMMINA!

diventare se stesse

COSE DA FEMMINA

Ti basterà guardarti attorno per accorgerti che il mondo che ti circonda è spesso diviso in cose considerate da femmina e cose considerate da maschio.

Per la società, infatti, sembra quasi scontato che a una bambina piacciano il rosa, le bambole e la danza, che sia sensibile e romantica, e preferisca giocare nella sua cameretta invece di arrampicarsi sugli alberi. E crescendo capirai che questa impostazione non cambia, perché per molti il desiderio principale di una donna dovrebbe essere di diventare moglie e mamma, e prendersi cura della casa e della famiglia. Ma se nel passato questa era una scelta quasi obbligata per una donna, oggi non è più così, e una volta diventata adulta sarai tu a decidere che cosa ti rende più felice, se diventare un'astronauta o una mamma... o entrambe!

Insomma, in base al **sesso biologico** potrà capitarti che alcuni si aspettino che tu faccia certe cose e non altre, intrappolandoti in un ruolo in cui non ti riconosci o che non comprende ciò che vorresti essere.

Ma l'unica cosa che conta davvero sono i tuoi desideri. I tuoi gusti, le tue passioni e i tuoi sogni non sono necessariamente legati al tuo sesso biologico e, anche se si discostano dalle aspettative sociali, non sono per questo sbagliati. Vanno bene per te ed è tutto quello che conta!

L'IDEALE

Non esiste un modello ideale di donna, ma esiste l'*ideale di donna* che vorrai essere. Da bambina, questo ideale sarà molto influenzato dalle aspettative che i tuoi genitori hanno su di te, ma man mano che crescerai si adatterà ai tuoi sogni, ai tuoi gusti e ai tuoi valori e ti calzerà sempre meglio, come un abito confezionato su misura. Sarà con questo ideale bene in mente che inseguirai i tuoi progetti e farai le scelte, più o meno importanti, della tua vita. Ma attenzione: fai sempre in modo che l'ideale sia un tuo compagno fedele, che ti sostiene e ti sprona a realizzarti, senza mai trasformarlo, invece, in un giudice impietoso che ti fa sentire inadeguata. Se è quest'ultima la sensazione che provi, fermati un istante, prendi un bel respiro e cerca di capire se l'ideale a cui ti sei imposta di aspirare fa davvero al caso tuo!

ABBATTIAMO GLI STEREOTIPI

Le femmine amano il rosa.

Le femmine sono piagnucolose.

Le femmine non sanno giocare a calcio.

Le femmine non sanno comandare.

Le femmine sono deboli.

Le femmine non sono competitive.

Sono tutte verità? Assolutamente no. Sono stereotipi, più precisamente **stereotipi sul genere femminile**, e come tutti gli stereotipi ci forniscono una visione parziale e molto spesso distorta della realtà.

Certo, è possibile che una ragazza si riconosca in ogni caratteristica proposta dallo stereotipo femminile, e va bene così, ma è possibile anche il contrario, ovvero che una ragazza non si riconosca in nessuna di esse, e sentendosi sbagliata cerchi di adeguarsi al modello proposto dallo stereotipo e, per esempio, si iscriva a danza classica, anche se desidererebbe giocare a calcio.

Le femmine vogliono sposarsi e fare bambini.

Le femmine non sanno guidare.

Le femmine sono meno intelligenti dei maschi.

Le femmine sono brave nei lavori domestici.

SONO COSE DA FEMMINA!

CHE COSA SONO GLI STEREOTIPI?

Gli stereotipi sono l'insieme delle caratteristiche che attribuiamo a una persona, a un gruppo o a una determinata categoria. Quando sono condivise dalla società, si parla di **stereotipi sociali**, e tra questi ci sono quelli di genere, che attribuiscono a tutte le persone di un certo sesso le stesse caratteristiche, senza tenere conto delle differenze individuali che le rendono uniche e irripetibili.

Gli stereotipi fanno parte della cultura dei popoli, e cambiano a seconda delle epoche. Se ci fai caso, ti accorgerai che sono ovunque attorno a te: nei giochi, nei cartoni animati, nei libri, nei film e nelle pubblicità. È quasi impossibile accorgersi della loro presenza, e si inizia involontariamente a considerarli come verità assolute.

SE VUOI SAPERNE DI PIÙ SULL'IDENTITÀ DI GENERE, VAI A P. 86.

UNA DELLE GRANDI SFIDE CHE TI ATTENDONO, IN QUANTO RAGAZZA RIBELLE, STA PROPRIO NEL DIVENTARE UNA CACCIATRICE DI STEREOTIPI: MAGARI NON RIUSCIRAI A ELIMINARLI, MA PUOI IMPARARE A RICONOSCERLI E A COMBATTERLI!

PERCHÉ ESISTONO GLI STEREOTIPI?

La mente degli esseri umani ha sempre un gran daffare, e ogni tanto si inventa degli stratagemmi per semplificarsi il lavoro. Gli stereotipi sono proprio uno di questi **stratagemmi**: sono scorciatoie che la mente imbocca con l'obiettivo di arrivare prima e senza troppa fatica a destinazione. Nel caso degli stereotipi, questo meccanismo permette alla mente di farsi un'idea immediata della persona che ha davanti. Così, partendo da informazioni esteriori, come l'abbigliamento o particolari caratteristiche fisiche, la mente la classifica e decide che quella persona fa parte di una determinata categoria. Dopodiché le attribuisce, arbitrariamente, tutte le caratteristiche che associa alla categoria nella quale l'ha inserita.

Per esempio, se leggi una fiaba che inizia con: "C'era una volta una principessa", la tua mente cercherà la strada più breve per inquadrare quel personaggio: farà appello allo stereotipo secondo cui tutte le principesse delle fiabe sono ingenue, deboli e in cerca di un principe che le salvi.

Ma, continuando a leggere, potresti scoprire che la principessa infrange quello stereotipo ed è invece scaltra, forte e non ha bisogno dell'intervento di un principe per togliersi dai guai!

Gli stereotipi, compresi quelli di genere, servono a rendere la realtà più semplice da comprendere, ed è normale che la mente ricorra a queste scorciatoie. Ciò che devi imparare a fare è non fidarti ciecamente degli stereotipi, perché, se è vero che qualche volta potrebbero esserti d'aiuto, molto più spesso sono solo i mattoncini su cui si costruiscono i **pregiudizi** e i comportamenti di **discriminazione**.

Stereotipi, pregiudizi e discriminazioni vengono spesso confusi, ma riguardano aspetti diversi della natura umana.

> **GLI STEREOTIPI SONO UN MECCANISMO DELLA MENTE, I PREGIUDIZI SONO I GIUDIZI CHE DERIVANO DAGLI STEREOTIPI E LA DISCRIMINAZIONE È IL COMPORTAMENTO CHE SI METTE IN ATTO A PARTIRE DAL PREGIUDIZIO.**

Per esempio, potrebbe capitare che ti dicano: "Non vogliamo femmine nella nostra squadra di calcio". Si tratta di una discriminazione, che nasce dal pregiudizio, frutto di stereotipi di genere, che le femmine siano meno brave dei maschi in alcuni sport.

CHE COSA SONO I PREGIUDIZI

I pregiudizi sono opinioni, che non si basano sulla conoscenza di chi si ha davanti, ma sugli stereotipi relativi al gruppo a cui questa persona appartiene.

I pregiudizi possono essere negativi o positivi. I primi portano a giudicare in maniera negativa una determinata categoria, i secondi sono l'esatto contrario e cioè inducono, chi li ha, a giudicare in maniera positiva una determinata categoria. Per quanto opposti, questi due tipi di pregiudizio sono ugualmente dannosi, perché entrambi non tengono conto dell'**unicità di**

ogni individuo, e fanno coincidere la singola persona con il gruppo a cui appartiene, affermando una verità sul mondo e sugli altri che raramente è esatta.

PER ESEMPIO, IL COMPAGNO DI CLASSE CHE TI ESCLUDE QUANDO PARLA DI VIDEOGIOCHI

METTE IN ATTO IL PREGIUDIZIO NEGATIVO SECONDO CUI LE FEMMINE NON SONO DELLE BRAVE GAMER.

E SE INVECE L'INSEGNANTE CHIAMA SEMPRE UN'ALUNNA A SCRIVERE ALLA LAVAGNA

METTE IN ATTO IL PREGIUDIZIO POSITIVO SECONDO CUI LE FEMMINE POSSIEDONO UNA GRAFIA PIÙ BELLA RISPETTO AI MASCHI.

CHE COS'È LA DISCRIMINAZIONE

Dall'unione di stereotipi e pregiudizi può derivare un **comportamento di tipo discriminatorio**, e cioè un comportamento che penalizza qualcuno che si considera diverso.

- genere
- fede religiosa
- etnia
- orientamento sessuale
- età
- disabilità

Sono tanti i motivi per cui una persona può venire discriminata, ma spesso alla radice dei comportamenti discriminatori c'è un sentimento comune: la **paura del diverso**.

SONO COSE DA FEMMINA! 85

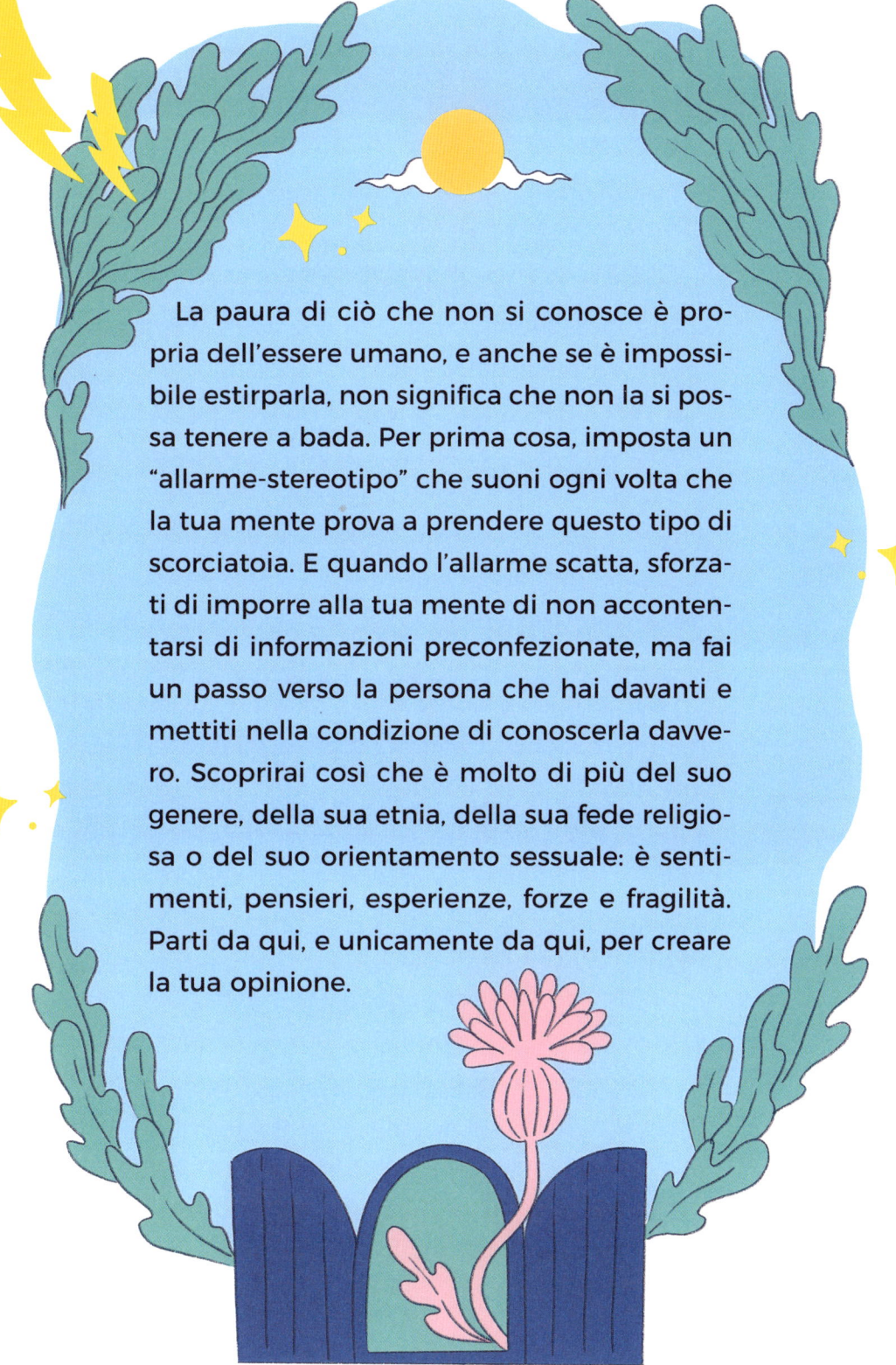

La paura di ciò che non si conosce è propria dell'essere umano, e anche se è impossibile estirparla, non significa che non la si possa tenere a bada. Per prima cosa, imposta un "allarme-stereotipo" che suoni ogni volta che la tua mente prova a prendere questo tipo di scorciatoia. E quando l'allarme scatta, sforzati di imporre alla tua mente di non accontentarsi di informazioni preconfezionate, ma fai un passo verso la persona che hai davanti e mettiti nella condizione di conoscerla davvero. Scoprirai così che è molto di più del suo genere, della sua etnia, della sua fede religiosa o del suo orientamento sessuale: è sentimenti, pensieri, esperienze, forze e fragilità. Parti da qui, e unicamente da qui, per creare la tua opinione.

A QUALE GENERE APPARTENGO?

«È una femmina!» avrà esclamato il medico in sala parto mentre venivi al mondo e, riempiendoti i polmoni d'aria, facevi sentire per la prima volta la tua voce strillando un assordante «NGUUUEEEEE!».

È così, infatti, che funziona nella maggior parte dei casi: quando una persona viene al mondo, si stabilisce a quale sesso biologico appartenga in base ai suoi organi genitali esterni. Quindi, tu che sei nata con la vulva, sei una **femmina**, mentre i tuoi amici nati con il pene sono **maschi**.

Esistono poi persone dette **intersessuali**, dotate di un corpo che unisce in sé sia caratteri sessuali femminili sia maschili. Talvolta l'intersessualità è visibile già alla nascita, nella conformazione degli organi genitali esterni, altre volte invece si manifesta con la pubertà, perché coinvolge l'attività degli ormoni sessuali.

Ma basta davvero quell'esclamazione in sala parto per fare di te una femmina?

Un tempo si credeva di sì, e si riteneva anche che le caratteristiche del corpo fossero sufficienti per stabilire se una persona appartenesse, o meno, al cosiddetto genere femminile. Oggi, invece, esiste la consapevolezza che le caratteristiche fisiche non bastino a fare rientrare una persona in un genere o nell'altro, ma è fondamentale anche ciò che dice la mente, che può, o meno, identificarsi con il sesso biologico.

Nella maggior parte dei casi, durante l'adolescenza corpo e mente troveranno il modo di mettersi d'accordo (è uno dei compiti di sviluppo che ti faranno diventare la persona che sarai): quindi a organi sessuali femminili corrisponderà la consapevolezza di essere femmina (così come a organi sessuali maschili corrisponderà la consapevolezza di essere maschio). Le persone che si riconoscono in questa descrizione sono definite **cisessuali**.

Ma può capitare anche che questo accordo tra corpo e mente non ci sia, e una persona con organi sessuali femminili si identifichi con il sesso maschile e viceversa. Chi si riconosce in questa descrizione è definito **transessuale**.

Alcune persone transessuali provano disagio a vivere in un corpo che non corrisponde alla propria identità di genere e così, con l'obiettivo di portare armonia tra corpo e mente, decidono di intraprendere un percorso di transizione per cambiare sesso, un percorso che si può affrontare con una terapia ormonale o anche con un intervento chirurgico.

Insomma, quando si parla di identità di genere, ci si riferisce a un mondo vasto e complesso di caratteri che riguardano il corpo, la mente e i comportamenti.

ABBIAMO PARLATO DEI COMPITI DI SVILUPPO A P. 65.

Ricorda sempre che la risposta alla domanda "chi sono?" è dentro di te, quindi il modo migliore per trovarla è ascoltare con attenzione ogni sussurro di testa, di cuore e di corpo.

CAPIRE CHI SEI NEL PROFONDO È UN PERCORSO CHE RICHIEDE TEMPO E PAZIENZA. LA COSTRUZIONE DELLA NOSTRA IDENTITÀ COMINCIA NELL'INFANZIA E OCCORRONO ANNI PER COMPLETARLA.

IL PRIMO AMORE

istruzioni per l'uso

TUM-TUM, BATTE IL CUORE!

Indovinello: qual è quel sentimento che ti toglie la fame anche di fronte al tuo dolcetto preferito, ti fa arrossire senza preavviso, ti leva il sonno, ti fa sudare e avere i brividini, quello che monopolizza ogni tuo pensiero, accelera i battiti del tuo cuore fino a toglierti il respiro e ti fa passare dall'euforia alla tristezza in un secondo, e che, nonostante ciò, è il sentimento più incredibile ed emozionante che si possa provare?

 **RISPOSTA: L'AMORE!**

Ci si innamora in tutte le fasi della vita, ma l'amore che si sperimenta durante l'adolescenza, quando le emozioni sono amplificate come non mai, è unico e speciale.

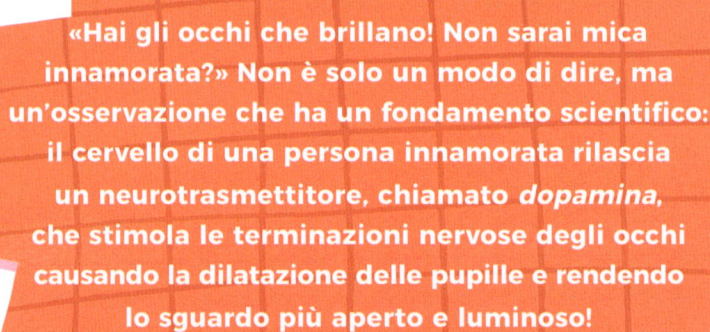

«Hai gli occhi che brillano! Non sarai mica innamorata?» Non è solo un modo di dire, ma un'osservazione che ha un fondamento scientifico: il cervello di una persona innamorata rilascia un neurotrasmettitore, chiamato *dopamina*, che stimola le terminazioni nervose degli occhi causando la dilatazione delle pupille e rendendo lo sguardo più aperto e luminoso!

C'è l'amore a prima vista (meglio noto come "colpo di fulmine"), che scoppia improvviso per qualcuno appena conosciuto (o anche solo visto di persona o in una foto sui social), e c'è l'amore che sboccia tra persone che si conoscono e sono amiche da anni.

Quando lo proverai, scoprirai che essere innamorate di qualcuno che ricambia il tuo sentimento, che vuole condividere con te ogni momento e ogni pensiero, è una delle esperienze più gratificanti ed entusiasmanti che si possano provare!

FARFALLE NELLO STOMACO

Te ne stai tranquilla per i fatti tuoi, poi vedi il ragazzino o la ragazzina che ti piace ed ecco arrivare quella buffa sensazione, un formicolio elettrico che parte dalla pancia e dà la scossa a tutto il corpo: le farfalle nello stomaco! È lo stesso meccanismo che il sistema nervoso simpatico mette in atto in situazioni di pericolo, ma se in quel caso ti rende pronta alla fuga, in questo l'impulso è... di fuggire tra le braccia della persona amata!

✨ MI PIACI TU! NO, TU! O TU?

Una cosa è certa: non puoi decidere a tavolino di chi ti innamorerai e per chi proverai attrazione sessuale. Ti succederà e basta. E quando succederà, inizierai a scoprire qualcosa di più su te stessa, ossia qual è il tuo orientamento sessuale.

Una femmina o un maschio che provano attrazione per una persona di sesso diverso dal proprio si dicono **eterosessuali**. Se invece provano attrazione per persone di sesso uguale, si dicono **omosessuali**.

Perché si dice "eterosessuale" oppure "omosessuale"? Sono entrambe parole che derivano dal greco antico, e in questa lingua *heteros* significa "diverso", mentre *homos* significa "uguale".

Esiste poi chi prova attrazione sia per le persone del proprio sesso sia per quelle di sesso opposto: in questo caso si parla di **bisessualità**.

IL PRIMO AMORE 93

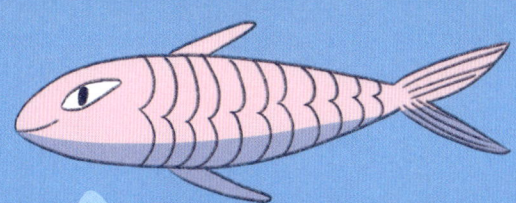

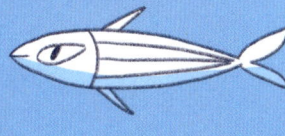

Chi attira tutti i tuoi pensieri?
Chi ti dà il batticuore? Chi ti provoca
dei brividi che non hai mai provato
prima? È un ragazzo o una ragazza?
Concediti il tempo di capirlo,
e, una volta che ci sarai riuscita,
sentiti libera di seguire la strada
che ti rende più felice.

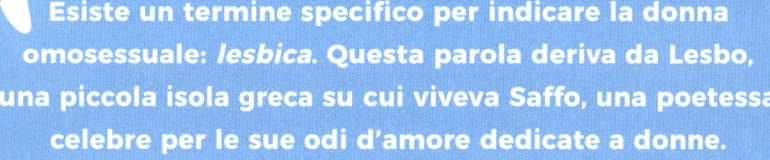

Esiste un termine specifico per indicare la donna omosessuale: *lesbica*. Questa parola deriva da Lesbo, una piccola isola greca su cui viveva Saffo, una poetessa celebre per le sue odi d'amore dedicate a donne.

CUORI INFRANTI

Sembrava tutto perfetto. Avevate trascorso pomeriggi interi a mandarvi messaggini, avevate sentito la scossa ogni volta che vi eravate sfiorati e vi eravate giurati amore eterno. E ora è tutto finito. Perché?

Le ragioni della fine di un amore possono essere tante. Forse lui o lei si sono rivelati diversi da come li avevi immaginati sull'onda di un sentimento così totalizzante. O forse è successo il contrario ed è stato lui o lei ad avere deciso che hai tradito le sue aspettative.

Qualunque sia la ragione, sentirai il cuore spezzarsi e proverai un dolore e una disperazione mai conosciuti prima, gli stessi che potresti sperimentare rendendoti conto di provare un sentimento non corrisposto.

Purtroppo, non esiste un cerotto da mettere sul cuore, o, meglio, esiste e si chiama "tempo". Sarà solo con il trascorrere dei giorni e delle settimane, infatti, che la sofferenza si dissolverà a poco a poco fino a sparire.

PER QUANTO ORA TI SEMBRI IMPOSSIBILE, L'AMORE TORNERÀ, E DI QUESTA DELUSIONE RESTERANNO SOLO UN FLEBILE RICORDO E DEGLI INSEGNAMENTI DA CUSTODIRE GELOSAMENTE.

IL PRIMO AMORE 95

IL PRIMO BACIO

C'è una ragione ben precisa se il primo bacio si chiama così, anche se di baci, da quando sei nata, ne hai già dati tanti. Si chiama primo bacio perché è il primo capace di travolgerti con un'emozione mai provata, un'emozione che probabilmente ricorderai per il resto della vita.

Quello di baciare sulla bocca è un desiderio che sorge naturalmente crescendo, a volte perché si è innamorate, altre perché si è curiose di provare la sensazione che dà. Può fare un effetto wow o un effetto bleah, ma questo dipende da tanti fattori. L'unica certezza è che se l'effetto è bleah puoi decidere che al primo bacio non ne seguirà un secondo. Ma se, invece, l'effetto è wow, allora probabilmente al primo bacio non solo ne seguirà un secondo, ma anche un terzo, un quarto, un quinto...

UN BACIO TIRA L'ALTRO

Il più delle volte, il primo bacio è un bacetto come quelli che sei abituata a dare sulla guancia delle persone a cui vuoi bene. In questo caso, però, a sfiorarsi saranno le tue labbra e quelle dell'altra persona.
Questo tipo di bacio è perfetto per fare pratica e per entrare in confidenza, dando a entrambi o entrambe il tempo di capire se vi piace baciarvi e se vi va di continuare a farlo.
Esiste poi un altro tipo di bacio chiamato *bacio alla francese*, in cui le labbra si schiudono, permettendo alle lingue di sfiorarsi.
Se non ti è ancora capitato di baciare con la lingua, potrebbe sembrarti una cosa strana e anche un po' complicata, ma in realtà, quando succederà, ti accorgerai che è un gesto estremamente naturale.
Con il tempo e la pratica, imparerai che cosa ti piace e che cosa non ti piace, e anche a capire che cosa piace o non piace alla persona che stai baciando.

IL PRIMO AMORE 97

IL PRIMO RAPPORTO SESSUALE

Bacio dopo bacio, è probabile che il desiderio di contatto con il corpo dell'altra persona cresca sempre di più e ti porti a cercare nuove forme di intimità.

Avere un rapporto sessuale significa ricevere e dare piacere attraverso la stimolazione reciproca degli organi genitali, che può avvenire in vari modi e può essere sia esterna sia interna.

Quando si parla di rapporto sessuale, in molti pensano subito a un rapporto di tipo penetrativo tra una donna e un uomo, ovvero il cosiddetto **coito**, nel quale la vagina accoglie il pene. Questo è l'unico tipo di rapporto sessuale che può portare al concepimento di un bambino.

In realtà esistono tanti tipi diversi di rapporti sessuali. Due persone possono, per esempio, decidere di toccarsi reciprocamente i genitali, e cioè **masturbarsi**, oppure di stimolarli usando la bocca e in questo caso si parlerà di **rapporto orale**.

ABBIAMO PARLATO DEL CONCEPIMENTO A P. 42.

LA PRIMA VOLTA NON SI SCORDA MAI

Una delle discussioni più accese che durante la pubertà potrebbero avvenire tra il tuo corpo e la tua testa riguarderà il momento giusto per avere il primo rapporto sessuale.

"Ok, facciamolo!" dirà il corpo.

"Mmm... Non so... E se aspettassimo ancora un po'?" tentennerà la testa.

"Uff, che noiosa sei, sempre a rimuginare su tutto!" sbufferà il corpo.

"Ma non so se siamo pronti..." sospirerà la testa.

I due andranno avanti così lasciandoti sempre più confusa.

E allora quand'è il momento giusto? Il momento giusto è quando testa e corpo smetteranno di litigare e desidereranno la stessa cosa.

È NORMALE CHE IL CORPO, MATURANDO PRIMA, VOGLIA SPERIMENTARE LA PROPRIA SESSUALITÀ, MA È SEMPRE MEGLIO ASPETTARE CHE LA TESTA, CAPACE DI VALUTARE LE POSSIBILI CONSEGUENZE DI UN RAPPORTO SESSUALE, SIA D'ACCORDO.

MA FA DAVVERO MALE?

Avrai sicuramente sentito dire che, durante il primo coito, le ragazze perdono sangue e provano dolore. Entrambe le cose possono essere vere, però non è detto che accadano sempre. La perdita di sangue avviene a seguito della lacerazione dell'imene, ma dipende molto dallo spessore e dall'elasticità di questa membrana, che sono molto soggettivi. Il dolore, invece, può essere sì legato alla lacerazione dell'imene, ma anche all'eccessiva tensione muscolare. Insomma, più si è tese e più si corre il rischio di provare dolore. Ma come si fa a non essere tese in un momento così importante? Semplicemente, vivendo questa esperienza con una persona con cui ci si sente a proprio agio e imparando a conoscere il proprio corpo e suoi desideri.

ABBIAMO PARLATO DELL'IMENE A P. 36.

NO VUOL DIRE NO!

Tutto quello che ha a che fare con la condivisione dell'intimità, a partire dai baci per arrivare ai rapporti sessuali, si basa su due paroline piccole ma importantissime: sì e no.

SÌ, MI VA DI FARE QUESTA COSA CON TE.
NO, NON MI VA DI FARE QUESTA COSA CON TE.
SE È FORSE, ALLORA MEGLIO CONSIDERARLO COME UN NO E FERMARSI.

Allo stesso modo, non basta il sì di una delle due persone coinvolte affinché sia sì per la coppia: per andare avanti (o anche solo per iniziare) serve il consenso chiaro di entrambe!

Esiste anche la possibilità che tu dica di sì con convinzione e poi, una volta iniziato, cambi idea, e lo stesso può capitare al tuo partner o alla tua partner. È assolutamente normale. Se dovesse capitare, non farti problemi a dirlo.

CONSENSO

SÌ + SÌ = 👍

SÌ + NO = 👎

FORSE = 👎

SI PUÒ DESIDERARE DI AVERE UN RAPPORTO SESSUALE CON QUALCUNO DI CUI NON SI È INNAMORATE?
SÌ: SESSO E AMORE VANNO SPESSO A BRACCETTO, MA NON È DETTO CHE DEBBA ESSERE COSÌ!

OH-OH, CHE COSA SUCCEDE?

Accade senza preavviso. Magari hai appena pensato a una persona che ti piace, oppure hai visto un bacio appassionato alla tv, o sei tu quella che sta dando un bacio appassionato. Ed eccola lì, una sensazione mai provata prima, un calore repentino in mezzo alle gambe che si irradia per tutto il corpo e lo avvolge. È normale: sei eccitata e di conseguenza il sangue che hai in circolo affluisce verso i genitali!

L'**eccitazione sessuale** è una conseguenza del desiderio, e cioè è la risposta del corpo alla voglia di soddisfare pensieri e fantasie sessuali. Quando l'eccitazione sessuale raggiunge il suo apice, si prova un intenso piacere chiamato **orgasmo**: un terremoto di sensazioni che scombussola dalla testa ai piedi.

L'epicentro di questo terremoto è la clitoride, un organo deputato esclusivamente al piacere sessuale e la cui forma ricorda quella di una Y capovolta. La protuberanza, che puoi osservare lì dove le piccole labbra si saldano tra loro, è però soltanto la minuscola porzione visibile dell'organo intero, che può arrivare a misurare fino a 10 centimetri. La clitoride, così come il pene, è composta da tessuti erettili che, per via del maggiore afflusso di sangue dovuto all'eccitazione, sono in grado di aumentare il proprio volume.

ABBIAMO PARLATO DELLA CLITORIDE A P. 35.

Durante la pubertà la clitoride si accresce e diventa più sensibile e ricettiva. Potresti avere una gran voglia di masturbarti, ovvero di toccarla, accarezzarla, strofinarla,

ABBIAMO PARLATO DI VAGINA E UTERO ALLE PP. 36-37.

o desiderare che qualcuno da cui sei attratta faccia queste cose al posto tuo. È questa stimolazione che conduce all'orgasmo, che fisiologicamente corrisponde a contrazioni involontarie dei muscoli di vagina, utero e ano.

Alcune donne raggiungono l'orgasmo attraverso la stimolazione della porzione esterna della clitoride, altre riescono a raggiungerlo con quella interna, cioè vaginale. Per capire a quale delle due il tuo corpo reagisce maggiormente ci vorranno un po' di esperienza e di pratica.

UNA SCELTA SOLO TUA

Seguendo la cultura popolare, si è a lungo ritenuto che una donna che sceglieva di avere rapporti sessuali prima del matrimonio fosse poco rispettabile e rovinasse la buona reputazione sua e della famiglia. Era invece una brava ragazza chi considerava la **verginità** come un valore e arrivava illibata alla prima notte di nozze. A confermare la castità prematrimoniale era la perdita di sangue durante il primo rapporto sessuale.

OGGI, PERÒ, LE COSE SONO CAMBIATE, E LA VERGINITÀ HA SMESSO DI ESSERE UN VALORE UNIVERSALE PER DIVENTARE SEMPRE PIÙ UNA SCELTA PERSONALE.

Sei tu e solo tu a poter decidere quando avere rapporti sessuali (e questo significa anche che puoi scegliere di non averne mai) e con chi, se con la persona con cui speri di trascorrere il resto della tua vita, o con qualcuno che ti piace in quel momento.

Inoltre, la perdita di sangue durante il primo rapporto si è rivelata essere una prova senza alcun fondamento: l'imene di molte ragazze è sottile ed elastico, e quindi non si lacera durante la penetrazione, e se non c'è lacerazione, non può esserci sangue.

Ma, soprattutto, ora le ragazze sanno che non è la quantità di rapporti sessuali avuti a definire che persone sono!

ABBIAMO PARLATO DELL'IMENE A P. 36.

QUANDO LA VERGINITÀ È UN OBBLIGO

Purtroppo nel mondo ancora troppe ragazze sono costrette a vivere la verginità non come una scelta, ma come un obbligo, e si ritrovano private della libertà di assecondare i propri desideri. In molte possono sposarsi solo dopo avere dato prova della loro verginità sottoponendosi a visite mediche. Alcune, pur di non essere additate ed emarginate, ricorrono addirittura a interventi chirurgici per ricostruire l'imene lesionato.

MTS

La sigla MTS viene utilizzata per indicare le malattie a trasmissione sessuale, ma potrebbe benissimo essere l'acronimo di "mai troppo sicure"!

QUESTE MALATTIE, COME DICE GIÀ IL NOME, SI TRASMETTONO TRA PARTNER SESSUALI DURANTE UN RAPPORTO.

ABBIAMO PARLATO DEI PRESERVATIVI A P. 44.

La buona notizia, però, è che l'uso del preservativo può scongiurare la trasmissione di alcune di queste. Per altre, invece, come l'herpes genitale e il papilloma

virus, limita il rischio di trasmissione, ma non lo esclude del tutto.

Nel caso del papilloma virus (detto anche HPV) – una MTS molto comune che, se trascurata, può evolversi in tumore – è stato messo a punto un vaccino capace di proteggere dai ceppi più aggressivi dell'infezione. È raccomandato a bambine e bambini tra gli undici e i dodici anni, e consiste in due iniezioni praticate a distanza di sei mesi l'una dall'altra. Se effettuata prima dell'inizio dell'attività sessuale, la vaccinazione è ancora più efficace.

OGGI MI SENTO...

sulle montagne russe delle emozioni

IN BALIA DELLE EMOZIONI

TRISTE, ARRABBIATA, FELICE, PREOCCUPATA. E POI ARRABBIATA, IMBARAZZATA, DI NUOVO FELICE E DI NUOVO TRISTE. E POI PREOCCUPATA E COSÌ VIA, TUTTO IL GIORNO, TUTTI I GIORNI.

Con l'inizio della pubertà ti capiterà sempre più spesso di sentirti in balia delle tue emozioni, più intense e improvvise di quanto non siano mai state, e ti ritroverai a chiederti che cosa c'è di sbagliato in te. La risposta è: niente!

Se ti senti così scombussolata, è per via dei cambiamenti che stanno avvenendo contemporaneamente nel tuo corpo e nel tuo cervello. In particolare, mentre la parte del cervello che elabora le emozioni, chiamata **sistema limbico**, si è già portata avanti con lo sviluppo, quella che si occupa di regolare le emozioni e di attribuire loro un significato, la **corteccia frontale**, ha bisogno di molto più tempo per completare il suo sviluppo. Insomma, in questo momento è come se le tue emozioni fossero una squadra di aspiranti pattinatrici affidate a un'allenatrice che non sa pattinare!

La tua corteccia frontale terminerà il suo sviluppo quando avrai tra i ventitré e i venticinque anni, e di conseguenza fino ad allora potresti fare fatica a regolare le emozioni, valutare le situazioni, pianificare le azioni in vista di un obiettivo e orientarti nelle relazioni sociali.

Ma non preoccuparti perché, anche se ci vorrà un po' di tempo, andrà sempre meglio e le tue emozioni indisciplinate potranno contare su un'allenatrice ogni giorno più esperta.

L'ABC DELLE EMOZIONI

COME ANSIA

L'ansia è una preoccupazione così eccessiva da toglierti il sonno e la concentrazione, da far sparire la fame o farla aumentare. L'ansia è una preoccupazione che ti rende tesa, irritabile e inquieta. Di per sé provare preoccupazione è normale e talvolta può essere anche positivo. Se ci fai caso, la parola "preoccupazione" può essere spezzata in due: "pre" e "occupazione". E visto che in latino *pre* significa "prima", preoccuparsi vuol dire occuparsi con anticipo di qualcosa che si ha a cuore perché si desidera che vada bene. E quindi è sano e giusto, per esempio, preoccuparsi prima di un compito in classe, perché questo ti spingerà a impegnarti per arrivare preparata. Il problema nasce, invece, quando la preoccupazione cresce tanto da prendere possesso di ogni pensiero fino a trasformarsi in ansia. Ad alimentarla potrà essere il timore di deludere chi ti sta intorno, altre volte, invece, sarà quello di deludere te stessa per non essere all'altezza delle tue aspettative.

NON È INSOLITO PROVARE ANSIA, MA, SE TI RENDI CONTO CHE SEMPRE PIÙ SPESSO QUESTO STATO EMOTIVO CONDIZIONA LA TUA VITA E IL TUO RAPPORTO CON GLI ALTRI, NON ESITARE A PARLARNE CON UNA PERSONA DI CUI TI FIDI.

I COME IMBARAZZO

Non c'è niente da fare, non ne fai una giusta: parli a sproposito, arrossisci nei momenti meno opportuni... insomma inanelli una figuraccia dopo l'altra! Ma com'è possibile? Fino a poco tempo fa non era così! Tieni presente che, fino a poco tempo fa, non affrontavi ogni giorno esperienze nuove e talvolta complicate, come invece ti capita ora.

Le figuracce, insieme all'imbarazzo che ne consegue, fanno parte del percorso di crescita e, anche se la tentazione di sottrarti alle situazioni in cui potresti farne sarà forte, ogni nuova esperienza, ogni figuraccia e ogni momento d'imbarazzo ti renderanno più sicura di te e si riveleranno occasioni preziose per diventare un po' più grande.

N COME NOIA

... O forse sarebbe meglio dire U come uffa! Se ti è capitato di ritrovarti a sbuffare questa esclamazione, probabilmente vuol dire che hai conosciuto la noia.

La noia è quel misto tra l'insoddisfazione dovuta all'inattività e la voglia di crogiolarsi proprio in quell'inattività. Per esempio, dopo avere atteso con impazienza la fine della scuola, potrai ritrovarti il primo giorno di vacanze a lamentarti del tempo libero che non sai come riempire. Altre volte, invece, potresti sentirti annoiata mentre svolgi un compito, che consideri ripetitivo e insoddisfacente, come quando sei costretta ad accompagnare i tuoi genitori a fare commissioni in giro per la città.

Così come le altre emozioni, anche la noia ha una ragione d'essere: è il modo in cui la mente ti comunica che ha bisogno di essere stimolata, e tu sei l'unica che può farlo. È il momento di fare appello alla tua creatività per trovare le soluzioni che scaccino via la noia e trasformino quel tempo, che ti sembrava perso, in tempo prezioso.

Ma quindi è vietato oziare? Certo che no! È normale qualche volta non avere voglia di fare niente e approfittarne per riposarsi e assaporare il dolce far nulla!

COME RABBIA

Le mani tremano, il cuore batte all'impazzata, un caldo improvviso ti avvampa nel petto e risale lungo il collo sotto forma di rossore. Ci siamo: sei arrabbiata!

Ci si arrabbia quando si è convinte di avere subito o di aver assistito a un torto, e in questa fase della vita quasi tutto può sembrare un torto: ci si arrabbia perché non ci si sente capite dai propri genitori, perché si ha la sensazione di essere trattate ancora da bambine e non avere abbastanza indipendenza, perché si è ancora costrette a sottostare alle decisioni degli adulti, perché le cose non vanno come si erano immaginate, e perché, perché e perché... Ma non sarà sempre così.

Come ogni altra emozione provata in questa fase della vita, anche la rabbia potrebbe essere amplificata, perciò non va mai repressa, ma ascoltata. La rabbia, infatti, è il motore che ti spinge a fare valere i tuoi diritti e a raggiungere i tuoi obiettivi, ed è capace di produrre un'energia che, se usata in modo positivo, può aiutare sia te sia le persone a cui vuoi bene.

ABBIAMO PARLATO DELLE COSE DA FEMMINA A P. 76.

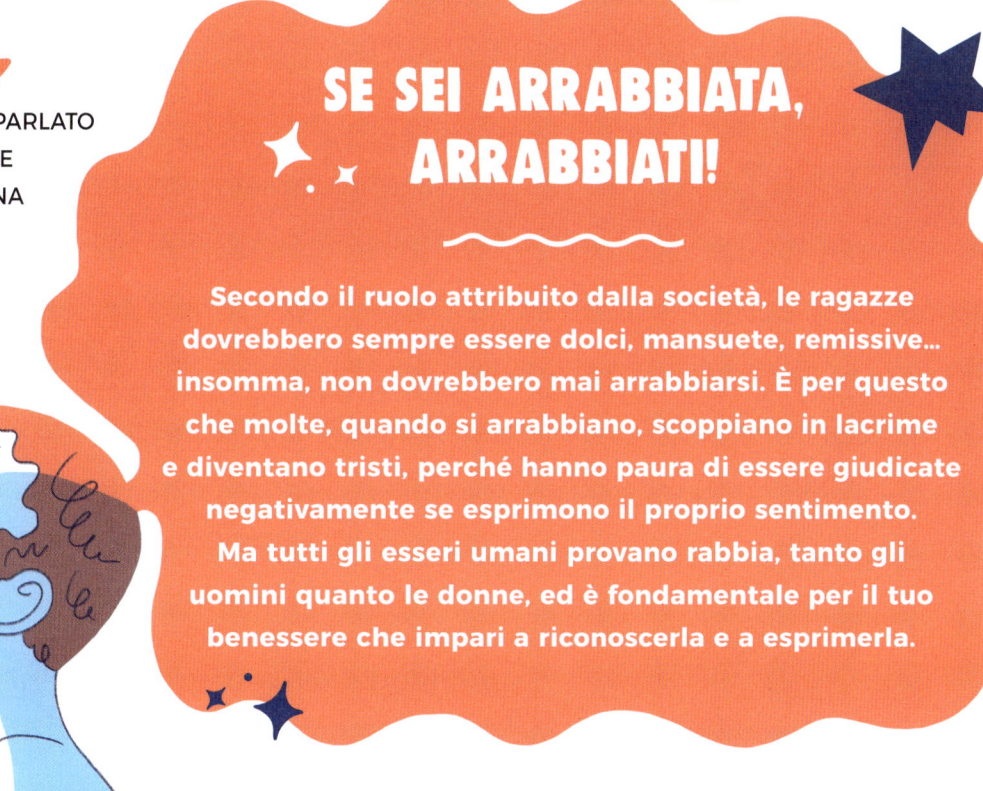

SE SEI ARRABBIATA, ARRABBIATI!

Secondo il ruolo attribuito dalla società, le ragazze dovrebbero sempre essere dolci, mansuete, remissive… insomma, non dovrebbero mai arrabbiarsi. È per questo che molte, quando si arrabbiano, scoppiano in lacrime e diventano tristi, perché hanno paura di essere giudicate negativamente se esprimono il proprio sentimento.
Ma tutti gli esseri umani provano rabbia, tanto gli uomini quanto le donne, ed è fondamentale per il tuo benessere che impari a riconoscerla e a esprimerla.

COME TRISTEZZA

Insicurezza, amarezza, cupezza... le parole che fanno rima con "tristezza" sono le più svariate, ma ce n'è una che, di sicuro, non deve mai rientrare tra queste: "debolezza".

Ci si può sentire tristi perché si è perso qualcosa a cui si teneva, perché si è rimaste deluse da qualcuno o per un sogno infranto, ma vivere un momento triste e non trovare la forza di reagire non significa essere deboli. Quindi non devi mai sentirti in colpa se ti prendi un po' di tempo per elaborare un dispiacere, perché è questo l'unico modo che hai per superarlo.

Se questo momento si prolunga, però, e la tristezza inizia a privarti ogni giorno della capacità di gioire delle cose belle che già possiedi e di quelle che ti capitano, e se ti sembra che neanche fare le cose che più amavi riesca a scacciare quel malessere, allora è meglio parlarne con qualcuno di cui ti fidi.

COME VERGOGNA

Da un po' di tempo a questa parte ti pare che gli occhi di tutti siano puntati su di te... proprio ora che ti sembra di non essere all'altezza di nulla! Il tuo corpo non è nemmeno lontanamente come lo vorresti, sei goffa e impacciata, e non riesci mai a dire la cosa giusta al momento giusto (anzi, sembri aver sviluppato un vero talento nel fare figuracce), insomma, passi la maggior parte della giornata a vergognarti di questo o di quello e a coltivare un solo desiderio: diventare invisibile!

Ma se è vero che a questa età ci si giudica molto tra coetanei, in realtà se hai la sensazione che tutti gli occhi ti siano addosso è perché sei tu stessa a tenere sempre lo sguardo su di te, pronta a giudicarti implacabilmente e a coglierti in fallo. Il primo passo per superare la vergogna, quindi, è imparare a essere più indulgente e gentile con te stessa, perdonandoti errori e imperfezioni e concentrandoti invece su tutte quelle cose in cui sei brava.

ANDRÀ BENE, PAROLA DI SPERANZA!

È un sentimento di cui si parla poco, ma sarà proprio la speranza che ti aiuterà nei momenti in cui ti sembrerà di essere sopraffatta da tutte le emozioni che provi. La speranza è la capacità di tenere accesa la fiducia che ciò che desideri per te e per il tuo futuro possa avverarsi, la capacità di dirsi, anche nel momento più buio: domani andrà meglio.

HELP! HO BISOGNO DI AIUTO!

andrà tutto bene

EMOZIONI CHE SPAVENTANO

Così come tutte le parole sono indispensabili per comporre una conversazione, allo stesso modo tutte le emozioni sono essenziali per esprimere quello che sei. Talvolta, però, le emozioni prendono il sopravvento, e diventa impossibile contenerle con piccoli espedienti quali una chiacchierata con un'amica, una corsa al parco o una strimpellata di chitarra. Succede così di passare a metodi che possono diventare dannosi, metodi che agiscono in modo violento sul corpo per zittire il disagio della mente.

I DISTURBI ALIMENTARI

Il corpo che cambia, l'umore altalenante, l'incapacità di comprendere desideri mai provati prima e di essere all'altezza di quello che si vorrebbe... Durante l'adolescenza può succedere di perdere ogni controllo sulla vita, e si può iniziare a usare il cibo per tenere a bada la frustrazione che ne consegue. Questo tipo di condotta va sotto il nome di "disturbi del comportamento alimentare" (DCA). Ce ne sono di diversi tipi.

Si parla di **anoressia** quando una persona si priva del cibo, talvolta associando al digiuno un'eccessiva attività fisica.

Si parla invece di **bulimia** quando una persona si autoinduce il vomito in modo da espellere il cibo ingerito.

Esiste poi il cosiddetto disturbo da **alimentazione incontrollata**, in cui la persona si sottopone abitualmente ad abbuffate estenuanti.

Chi ne soffre trova in queste pratiche un sollievo immediato dal patimento dell'animo. A lungo andare, però, rischia non solo di logorare il proprio corpo, ma anche di accrescere in maniera irrimediabile quel disagio esistenziale da cui tutto è iniziato, e di ritrovarsi ingabbiata in una grave patologia da cui è difficile guarire.

Crescendo, ti potrà accadere di imbatterti in sciocche mode o tendenze che pretendono di dirti come dovrebbe essere il tuo corpo: con il seno grande, i fianchi stretti, lo spazio tra le cosce, la pancia piatta, le labbra carnose, il naso all'insù, le clavicole sporgenti, il sedere rotondo. Ma il tuo corpo non è simile a un vestito da cambiare per inseguire la moda del momento: il tuo corpo è, e sarà sempre, valido così com'è.

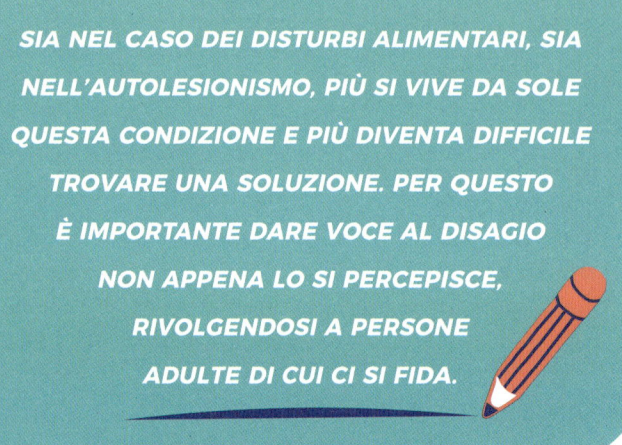

SIA NEL CASO DEI DISTURBI ALIMENTARI, SIA NELL'AUTOLESIONISMO, PIÙ SI VIVE DA SOLE QUESTA CONDIZIONE E PIÙ DIVENTA DIFFICILE TROVARE UNA SOLUZIONE. PER QUESTO È IMPORTANTE DARE VOCE AL DISAGIO NON APPENA LO SI PERCEPISCE, RIVOLGENDOSI A PERSONE ADULTE DI CUI CI SI FIDA.

AUTOLESIONISMO

È possibile pensare di alleviare il dolore che si prova dentro di sé con il dolore fisico? Sì: è quello che avviene a chi soffre di autolesionismo.

L'autolesionismo consiste nel farsi ripetutamente del male ferendo il proprio corpo, che viene trasformato nel campo di battaglia di una guerra che si combatte contro la sofferenza.

Chi pratica l'autolesionismo sfoga sul corpo le proprie emozioni negative – la sensazione di non essere comprese, di non essere all'altezza dei canoni imposti dalla società, di non essere in grado di affrontare la vita e le sfide che l'adolescenza porta con sé – cercando di mettere a tacere un forte dolore psicologico con uno fisico altrettanto intenso. Superare questo disagio e vincere la guerra contro la sofferenza è possibile, ma per riuscirci è essenziale affidarsi a persone capaci di affrontare la sfida con le armi giuste, e cioè a una psicologa o a uno psicologo.

PER TROVARE LO SPECIALISTA CHE FA AL CASO TUO, CONFIDATI CON UN ADULTO DI CUI HAI FIDUCIA E CHIEDI IL SUO AIUTO: SARÀ IL PRIMO PASSO SULLA VIA CHE PORTA ALLA GUARIGIONE.

AD ALTA VISIBILITÀ

«Ehi, mamma, ho fatto questo disegno, ti piace?»
«Guarda, papà, hai visto come sono brava a fare le capriole?»

Quante volte, da piccola, ti sei trovata a pronunciare una frase simile? Quante volte hai richiamato l'attenzione dei tuoi genitori per sentirti vista e ammirata?

IL DESIDERIO DI VISIBILITÀ, E CIOÈ DI ESSERE NOTATE E APPREZZATE, È NATURALE, COSÌ COM'È NATURALE CHE QUESTO DESIDERIO AUMENTI MAN MANO CHE SI CRESCE, PERCHÉ È PROPRIO ATTRAVERSO L'APPROVAZIONE DEL MONDO ESTERNO CHE SI ACQUISISCE SICUREZZA IN SE STESSE.

Ma se da bambina ti bastava lo sguardo della mamma e del papà per soddisfare questo desiderio, con l'arrivo della preadolescenza e dell'adolescenza sentirai il bisogno del **riconoscimento** di spettatori diversi, e di conseguenza cambieranno i luoghi in cui lo cercherai e le modalità con cui ti renderai visibile agli altri.

Così, al posto dei tuoi genitori ci saranno gli amici, i compagni di classe e i contatti che conoscerai virtualmente attraverso i social. L'obiettivo sarà sempre lo stesso: ottenere l'**approvazione** di chi ti circonda. Ma non sempre in risposta riceverai ammirazione incondizionata. Non potrai piacere a tutti e potrà capitare che un giudizio negativo ti mandi in crisi e ti faccia soffrire.

SE VUOI SAPERNE DI PIÙ SUI SOCIAL, VAI A P. 128.

QUESTO, PERÒ, NON DOVRÀ MINARE LA FIDUCIA CHE HAI IN TE STESSA: IL TUO VALORE NON DIPENDE DALL'APPROVAZIONE DI UN GRUPPO O DI UNA PERSONA!

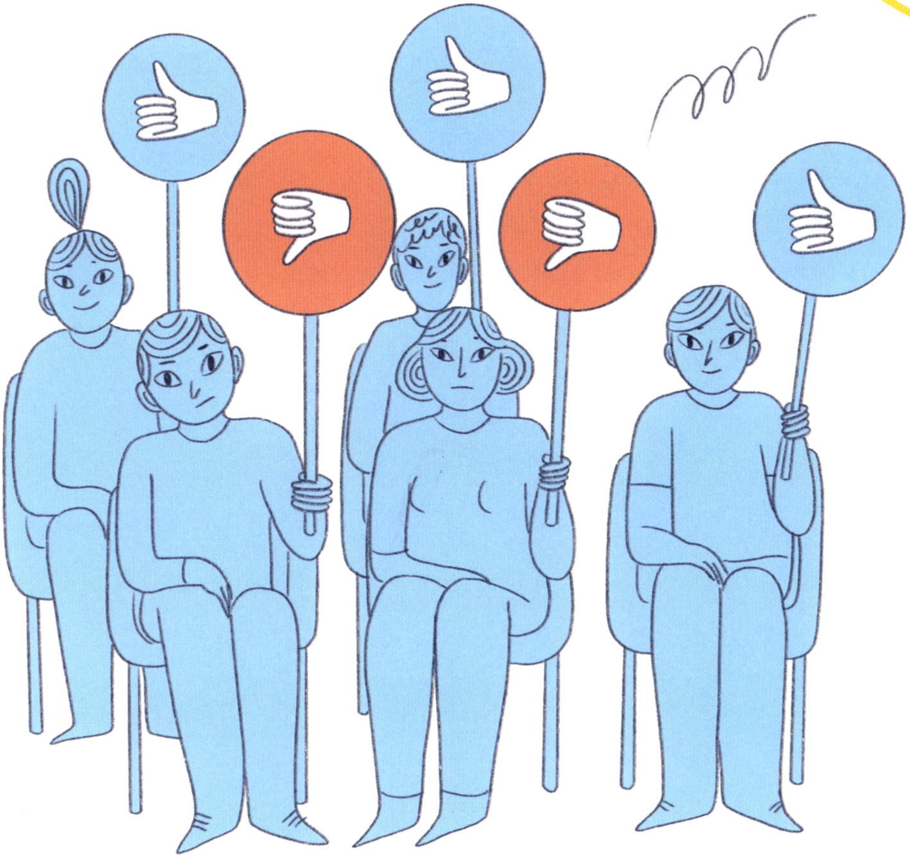

CYBERBULLISMO

Non sempre la visibilità è qualcosa che le persone cercano: a volte è qualcosa che subiscono. È ciò che accade quando si viene prese di mira da qualcuno che ha il solo intento di sbeffeggiare e mortificare gli altri. Ritrovarsi **vittima di bullismo** è una cosa che può accadere tanto nel mondo reale, quanto in quello virtuale dei social, ma in questo caso le conseguenze possono essere più insidiose e difficili da affrontare.

Così come i bulli, i cyberbulli compiono azioni volte a ferire di proposito una persona, ma lo fanno sfruttando strumenti come le chat, i social e le e-mail che permettono loro di rendere la persecuzione della vit-

ABBIAMO PARLATO DI ANSIA A P. 110.

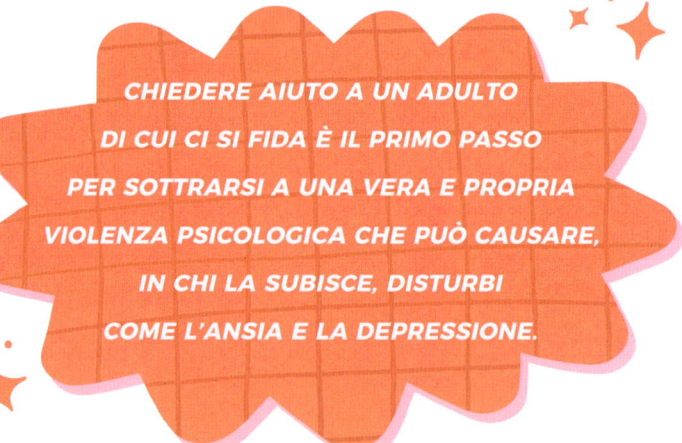

CHIEDERE AIUTO A UN ADULTO DI CUI CI SI FIDA È IL PRIMO PASSO PER SOTTRARSI A UNA VERA E PROPRIA VIOLENZA PSICOLOGICA CHE PUÒ CAUSARE, IN CHI LA SUBISCE, DISTURBI COME L'ANSIA E LA DEPRESSIONE.

tima costante e largamente diffusa. Una vittima di cyberbullismo, infatti, può essere bombardata giorno e notte da messaggi sgraditi e provenienti anche da perfetti sconosciuti che magari vivono a chilometri di distanza e si nascondono dietro l'anonimato.

BODY SHAMING

La "derisione del corpo" è una forma di bullismo che consiste nel fare vergognare qualcuno del proprio corpo perché troppo grasso o troppo magro, oppure perché, per qualche ragione, non corrisponde ai canoni di bellezza imposti dalla società. Questa forma di bullismo ha trovato terreno fertile nel mondo virtuale: pensa, per esempio, alla facilità con cui si commentano anche aspramente i corpi delle celebrità sui social. Ma lo stesso succede alle persone comuni, le quali, solo per aver condiviso una propria foto, si ritrovano spesso sommerse di commenti sgradevoli, offese e battutine.

QUANDO IL PRIVATO DIVENTA PUBBLICO

Durante l'adolescenza, una parte importante nella formazione dell'identità è la scoperta della sessualità, che sempre più spesso avviene anche in maniera virtuale attraverso il **sexting**, e cioè lo scambio di foto e messaggi erotici.

A questa età può essere normale avere voglia di sperimentare la sessualità. Il sesso virtuale può aiutare a sentirsi più libere, ma così come il sesso nel mondo reale, anche quello virtuale va affrontato con consapevolezza, perché può avere conseguenze in grado di cambiare la vita delle persone.

Può capitare, infatti, di scoprire che, a tua insaputa, alcune tue foto intime siano state condivise o mostrate a terzi dalla persona a cui le hai mandate. Spesso, il primo sentimento che si prova in questi casi è la vergogna, ma bisogna sempre ricordarsi che sei stata vittima di un comportamento scorretto e illegale e quindi non hai nessuna colpa. Al contrario, chi diffonde tue foto private senza il tuo consenso sta commettendo un reato che va denunciato.

METTI DA PARTE OGNI IMBARAZZO E PARLANE SUBITO CON UN ADULTO DI CUI TI FIDI: MAGARI SARÀ DIFFICILE TROVARE IL CORAGGIO E LE PAROLE, MA IN QUESTI CASI PRIMA S'INTERVIENE E PIÙ POSSIBILITÀ SI HANNO DI ARGINARE LA DIFFUSIONE ILLECITA DI UNA FOTO.

SPEZZA LA CATENA!

POTREBBE CAPITARTI DI NON ESSERE TU LA VITTIMA DI FENOMENI DI CYBERBULLISMO, MA DI TROVARTI, TUO MALGRADO, COINVOLTA COME ANELLO DI UNA CATENA, PERCHÉ PER ESEMPIO SEI INSERITA IN UNA CHAT IN CUI SI PRENDE IN GIRO QUALCUNO. IN QUESTI CASI, PROVA A METTERTI NEI PANNI DELLA VITTIMA, NON LASCIARTI COINVOLGERE DAL BRANCO ED ESCI DALLA CHAT, ANCHE SE SIGNIFICA ESSERE CONSIDERATA DAGLI ALTRI UNA GUASTAFESTE.

WEB, ISTRUZIONI PER L'USO

Forse hai imparato a navigare sul web ancora prima di imparare a parlare, e condividere la vita sui social fa parte delle tue giornate, come andare a scuola, uscire con le amiche e fare merenda. Ciononostante, potrebbero esserci degli aspetti del mondo virtuale su cui non hai mai riflettuto o a cui non hai mai dato troppo peso.

PER QUESTO ESISTONO ALCUNE REGOLE CHE È SEMPRE BENE TENERE A MENTE QUANDO SI NAVIGA E SI INTERAGISCE CON GLI ALTRI SUL WEB.

👉 Quello che fai nel mondo virtuale ha conseguenze nel mondo reale.

👉 Tutto quello che posti e invii attraverso i social, che si tratti di messaggi, d'immagini o video, rimane online per sempre; questo significa che qualunque malintenzionato può impossessarsene e farne l'uso che vuole a tua insaputa (e magari senza che tu lo scopra mai); motivo per cui è bene pensarci non una, non due, non tre, ma decine di volte prima di premere il tasto "invio".

👉 Se nella vita reale sai sempre con chi stai avendo a che fare, quando sei online non avrai mai la certezza completa di quale sia la vera identità della persona con cui stai chattando.

Non credere a tutto quello che le persone scrivono sui social, né riguardo se stessi, né riguardo agli altri.

Non fornire mai a sconosciuti informazioni personali come il tuo indirizzo, il numero di telefono o il nome della scuola che frequenti.

Tieni alta la guardia, perché nel mondo virtuale non puoi fare affidamento sull'aiuto del tuo corpo, che invece nella vita reale è capace di metterti in allerta attraverso le emozioni, se percepisce una situazione di pericolo.

Se senti che qualcosa nell'atteggiamento della persona con cui stai chattando ti turba, parlane con un adulto di cui ti fidi.

FUORI DAL WEB

Essere prese di mira dai bulli o dalle bulle può fare soffrire tanto online, quanto nella vita reale. Nel primo caso la platea di persone coinvolte è potenzialmente infinita, mentre nel secondo alla violenza psicologica può aggiungersi anche quella fisica. La regola per uscirne, però, è la stessa: se sei vittima di bullismo, rivolgiti a un adulto di cui ti fidi.

Potrebbe poi capitarti di essere testimone di atti di bullismo nei confronti di altre persone. Cosa si fa in questi casi? La risposta è: tutto il possibile per aiutare la vittima, perché tacere di fronte a un sopruso è un po' come commetterlo. Questo non vuol dire che devi ficcarti in una situazione pericolosa, ma che, con prudenza, devi chiedere aiuto a un adulto che possa intervenire.

Potrebbe essere anche che, senza rendertene conto, tu stessa metta in atto dei comportamenti che facciano soffrire qualcuno, e che quindi sia proprio tu la bulla. Quello che a te sembra uno scherzo qualunque, infatti, può essere fonte di grande dolore per qualcun altro.

PERCIÒ, CERCA DI RIFLETTERE CON ATTENZIONE SUI TUOI COMPORTAMENTI, E SE DOVESSI AVERE IL SOSPETTO CHE QUELLO CHE STAI FACENDO DIVERTE SOLO TE, ALLORA SMETTI DI FARLO.

INSIEME SI È PIÙ FORTI

Cara Bambina Ribelle,
   probabilmente, quando hai aperto per la prima volta questo libro, avevi tante domande che ti ronzavano in testa: come sono fatta? Che cosa mi sta succedendo? Perché ho sempre voglia di piangere? Non posso restare per sempre bambina? Quando mi verranno le mestruazioni?...
   Ad alcune avrai trovato risposta, in altri casi quella ricevuta ti avrà fatto sorgere altre domande. Non preoccuparti, prima o poi le risposte arriveranno tutte, l'importante è continuare a cercarle.
   Nei libri, certo, ma anche nel confronto con le ragazze e le donne che ti circondano. Cerca nella loro voce e nelle loro esperienze le risposte di cui hai bisogno, e condividi con le altre ciò che provi e ciò che sai. Così non solo scoprirai qual è il tuo modo di essere una ragazza, ma anche che, se affrontato in compagnia delle ragazze e delle donne della tua vita, il viaggio della crescita può essere meno faticoso e ancora più elettrizzante.

PRONTA A PARTIRE?

SCRIVI QUI LE SCOPERTE E LE EMOZIONI DEL TUO CORPO CHE CAMBIA

BIOGRAFIE

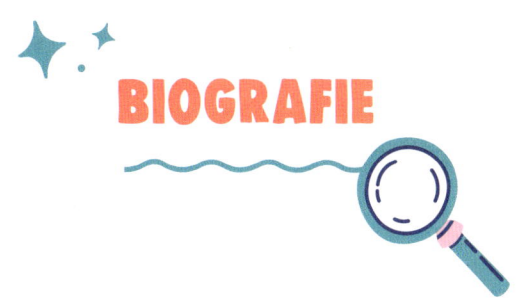

ELENA FAVILLI è una scrittrice e una giornalista professionista. Ha lavorato per *Colors*, *McSweeney's*, RAI, *Il Post* e *La Repubblica*, e diretto redazioni digitali dalle due sponde dell'Atlantico. Si è laureata in semiotica all'Università di Bologna e ha studiato giornalismo digitale all'Università di Berkeley, in California. Nel 2011, insieme a Francesca Cavallo, ha creato *Timbuktu*, la prima rivista iPad per bambini mai realizzata. È fondatrice e amministratrice delegata di Timbuktu Labs. Insieme a Francesca Cavallo è autrice di *Storie della buonanotte per bambine ribelli* 1 e 2 pubblicati per Mondadori. Solo a sua firma e sempre per Mondadori, nel 2020 è uscito *Storie della buonanotte per bambine ribelli. 100 donne migranti che hanno cambiato il mondo*. *Guida per bambine ribelli. Alla scoperta del corpo che cambia* è il suo sesto libro.

TIMBUKTU LABS è un laboratorio di innovazione dei media per l'infanzia fondato da Elena Favilli e Francesca Cavallo. Dai libri ai parchi giochi, dai games per i dispositivi mobili ai laboratori interattivi, Timbuktu mira a ridefinire i limiti dei media destinati all'infanzia combinando contenuti stimolanti, un design spettacolare e una tecnologia all'avanguardia. Con più di due milioni di utenti in oltre settanta Paesi, tra applicazioni mobili e libri, Timbuktu sta costruendo una comunità globale di genitori progressisti.

Unitevi alla comunità delle bambine ribelli su:
Facebook: www.facebook.com/rebelgirls
Facebook: www.facebook.com/bambineribelli
Instagram: @rebelgirlsbook
Snapchat: @rebelgirlsbook

TERESA SUSI CITRINITI è psicologa e psicoterapeuta psicoanalitica. Lavora a Milano ed è consulente, sin dalla sua fondazione, del Consultorio Gratuito della Cooperativa Sociale Minotauro, dove aiuta sia genitori sia preadolescenti e adolescenti in difficoltà con i compiti di sviluppo e che manifestano il loro disagio con autolesionismo, disturbi del comportamento alimentare e ritiro sociale. Svolge attività clinica privata anche con giovani e adulti e si occupa di formazione in ambito ospedaliero.

AURORA ROSSETTI è un medico chirurgo specializzato in psichiatria. Si è da sempre interessata al legame tra mente e corpo e a come questo si sviluppi trasversalmente nelle varie fasce d'età. La sua curiosità si è rivolta in particolare all'approfondimento dell'adolescenza e delle problematiche a essa correlate, quali ritiro sociale, disturbi del comportamento alimentare, autolesionismo, crisi depressive. Attualmente lavora come consulente presso il Consultorio Gratuito della Cooperativa Sociale Minotauro e svolge attività clinica per giovani e adulti in diversi contesti di cura nel territorio milanese.

CAROLINA CAPRIA e **MARIELLA MARTUCCI** sono nate, rispettivamente, a Cosenza e a Napoli, e per oltre vent'anni hanno vissuto senza sapere nulla l'una dell'altra. Poi, nel 2007 si sono ritrovate coinquiline, e nei due anni seguenti hanno frequentato insieme il master in Tecniche della Narrazione alla Scuola Holden di Torino, dove sono diventate amiche (non è vero, lo erano già dopo due minuti che si conoscevano!) e socie di scrittura. Da allora, lavorano insieme come autrici e sceneggiatrici per la televisione e sono una delle coppie più longeve e attive della letteratura per l'infanzia, concentrandosi sulla creazione di personaggi femminili capaci di fornire alle loro lettrici un immaginario alternativo a quello più diffuso, popolato in maggioranza da personaggi maschili. Nel frattempo, Carolina è diventata l'anima di *L'ha Scritto una Femmina*, pagina Facebook e profilo Instagram, che promuove la parità di genere in ambito letterario, e Mariella si è specializzata nella traduzione di romanzi per ragazzi.

ELISA MACELLARI è nata a Perugia, ma le sue origini sono italo-thailandesi. Dopo la laurea all'Accademia di Belle Arti, si è trasferita a Torino, dove ha lavorato come mediatrice culturale. Nel 2007 è arrivata a Milano, dove attualmente vive, per collaborare come assistente e graphic designer in una galleria d'arte contemporanea. Dal 2012 è illustratrice freelance per case editrici e riviste nazionali ed estere. Nel 2017 ha vinto la Gold Medal di AI (Associazione Autori di Immagini) nella categoria Editoria e, nel 2019, la Silver Medal nella categoria Fumetto. Le sue graphic novel sono pubblicate in Italia e tradotte in inglese e tedesco.